Bienvenue à Saint-Pétersbourg

Arriver à Saint-Pétersbourg 3
Les immanquables 4
Nos coups de cœur 6
Saint-Pétersbourg en 3 jours 8

La cathédrale St-Pierre-et-St-Paul.

P.-E. Forsberg/age fotostock

40
1
2
3

Arriver à Saint-Pétersbourg

EN AVION

L'aéroport international de **Poulkovo** (Пулково) est situé à 17 km au sud du centre-ville - ✆ 812 337 38 22 - www.pulkovoairport.ru.

Transfert

La solution la plus pratique est de demander le **transfert** à l'avance, auprès de votre hôtel ou de votre agence de voyages. Un chauffeur vous attendra dans le hall des arrivées avec un panneau à votre nom. Comptez 1000/1 500 Roub.

Taxi

Vous pouvez aussi prendre un taxi (1050 Roub. pour le centre-ville). Plutôt qu'à un chauffeur individuel, adressez-vous au comptoir **Taxi Poulkovo** (en face de la sortie des bagages).

Bus

Express bus n° 39Ex (sans arrêt) ou bus n° 39 – départ en face de la sortie du hall d'arrivée, ttes les 20mn – jusqu'à la station de métro Moskovskaïa, ligne 2. Le ticket coûte 40 Roub. Ces bus circulent de 5h30 à 1h30.

EN TRAIN

La **gare Vitebski** (*Vitebski vokzal*/Витебский вокзал) accueille les trains en provenance des pays baltes, d'Europe de l'Est et d'Allemagne. Elle est accessible en métro : la station Pouchkinskaïa, ligne 1, se trouve juste à côté.

Si vous venez de Finlande, votre train arrive à la **gare Ladojski** (*Ladojski vokzal*/Ладожский вокзал), située à l'est de la ville. Cette gare est reliée à la station de métro Ladojskaïa, ligne 4.

Infos pratiques

Transports en commun *⟳ p. 138*
www.metro.spb.ru/en/
Horaires : 6h-0h
Tickets de métro, bus, tramway et trolley : 45 roubles
*Avant d'acheter une **Saint-Petersburg Card** (pass valable 1, 2, 3 ou 5 jours), faites vos calculs. ⟳ p. 131*
Taux de change *(nov. 2019)*
1 € = env. 71 roubles

Dans le métro de St-Pétersbourg.
A. Leiva/age fotostock

Les immanquables

notre sélection des plus beaux sites

Place du Palais★★★
Plan E5 - p. 15

Forteresse Pierre-et-Paul★★★
Plan E3-4 - p. 69

Musée Russe★★★
Plan EF5 - p. 44

Peterhof★★★
Carte p. 92 - p. 89

Musée de l'Ermitage★★★
Plan E4-5 - p. 23

Nouvelle-Hollande★★
Plan D6 - p. 55

Perspective Nevski★★★
Plan EH5-6 - p. 30

Église du Sauveur-sur-le-Sang-Versé★★
Plan E4-5 - p. 41

Strelka★★
Plan D4 - p. 77

Nos coups de cœur

Participez à la ferveur des soirées de ballet. Le théâtre Mariinski (ex-Kirov), dirigé de main de maître par le célèbre Valeri Guerguiev, et la grande Philharmonie vous tendent les bras. Pour un entracte à la russe, montez au buffet du Mariinski savourer un canapé au saumon, ou même, réservez votre table. *Voir p. 57.*

Prenez de la hauteur, en touriste au sommet de la colonnade de la cathédrale St-Isaac, en hipster international pour l'apéro sur la terrasse du HI SO, ou à la cool en haut du Loft Etagi. *Voir p. 51, 109 et 120.*

konstantinks/iStock

Cathédrale St-Nicolas-des-Marins.

Promenez-vous au fil de l'eau... Le charme de Saint-Pétersbourg doit beaucoup à ses canaux. Rien de tel qu'une balade en bateau pour apprécier l'éventail architectural de la ville de Pierre. *Voir p. 131.*

Détendez-vous dans un café bohème devant le palais Michel. À la tombée de la nuit, au Fontanka 20, la joyeuse ambiance et la déco brocante inventive du loft attirent la jeunesse branchée de Piter. *Voir p. 113.*

Pénétrez dans l'intimité d'un dirigeant soviétique. La visite de l'appartement qu'occupa dans les années 1930 Sergueï Kirov, premier secrétaire du parti pour la région de Leningrad, garantit un voyage au pays des Soviets. *Voir p. 76.*

Savourez un afternoon tea à la Rotonda Lounge de l'hôtel Astoria. L'un des plus anciens palaces de la ville propose tous les après-midi un *high tea* dans la grande tradition.

Longez le canal Griboïedov. Du côté de la place Sennaïa, on apprécie, comme les Pétersbourgeois, le charme tranquille des quais et des jolis ponts jetés sur l'eau. *Voir p. 57.*

yulenochekk/iStock

Coucher de soleil sur la Neva, la cathédrale St-Pierre-et-St-Paul en arrière plan.

Pâtisseries fines, samovar, vaisselle de porcelaine. *Voir p. 109.*

❤ **Respirez une bouffée d'air frais**. Comme les héros de *La Dame de pique*, flânez dans le jardin d'Été sous le soleil des beaux jours, ou sur le tapis blanc des hivers enneigés. *Voir p. 20.*

❤ **Écoutez les chants russes à St-Nicolas-des-Marins.** Croyant ou non-croyant, si vous êtes à Saint-Pétersbourg un dimanche matin, allez vous recueillir avec les fidèles dans la cathédrale baroque. Les chants sont somptueux. *Voir p. 60.*

❤ **À l'Aquatorium, vivez à l'heure de Pierre le Grand** et découvrez dans ses moindres détails le quotidien des Pétersbourgeois du 18e s. *Voir p. 31.*

❤ **Visitez le panthéon des artistes russes**. Au cimetière de Tikhvine, près de la laure Alexandre-Nevski, plane l'esprit des personnalités pétersbourgeoises et russes. *Voir p. 86*

❤ **Filez avec l'hydroglisseur jusqu'au palais de Peterhof**. Le Versailles de Pierre Ier déploie ses merveilles au bord de la Baltique. Une architecture encore plus féerique si vous la voyez entourée du ballet cristallin des jeux d'eau. *Voir p. 89.*

Saint-Pétersbourg en 3 jours

JOUR 1

Matin

En guise d'introduction, commencez par l'**Aquatorium★**, où la ville s'offre à vous en version miniature *(p. 31)*. Vous êtes à l'angle de la **perspective Nevski★★★** *(p. 30)* : profitez des points de vue sur la Moïka et le canal Griboïedov, des beautés des palais, ponts, églises, en marchant vers **Gostiny Dvor★** *(p. 35)* ou l'épicerie historique **Elisseïev★** *(p. 36)*.

Midi

Une pause au **café Singer** *(p. 107)*. On supporte l'ambiance touristique pour la vue sur la cathédrale **N.-D.-de-Kazan★★** *(p. 34)* et le service efficace.

Après-midi

Sur la **place des Arts★★★** *(p. 38)* toute proche, découvrez la Russie à travers ses maîtres au **musée Russe★★★** *(p. 44)*. Au passage, arrêtez-vous à l'église du **Sauveur-sur-le Sang-Versé★★** *(p. 41)*.

Soir

Offrez-vous un dîner russe au bien nommé **Caviar Bar** du **Grand Hôtel Europe★** *(p. 38 et 102)* ou au **Duo Gastrobar** *(p. 100)*.

JOUR 2

Matin

Admirez la **place du Palais★★★** *(p. 15)* et ses alentours avant de pénétrer dans le **musée de l'Ermitage★★★** *(réservation conseillée, p. 23)*. Les amateurs d'art n'auront pas trop de la journée pour profiter des inépuisables richesses d'un des plus grands musées du monde.

Midi

Déjeunez au **Sicaffe** *(p. 108)*, pour un arrêt rapide, ou au restaurant du **Pouchka Inn** *(p. 121)*, qui propose de délicieuses spécialités russes.

Après-midi

Le **musée-appartement Pouchkine★★** *(p. 22)* a été reconstitué comme au temps où le grand poète y rendit son dernier soupir. Après ce retour en 1837, promenez-vous dans le quartier jusqu'au ravissant **jardin d'Été★** *(p. 20)*.

Soir

Apéritif au **Golytsin Loft** *(p. 113)*, la ruche tendance de Piter. Si vous n'y dînez pas, consultez les programmes du **Mariinski★★** *(p. 57)*, de la **Philharmonie★** *(p. 38)*, ou d'un des **clubs de jazz** de la ville, et passez la soirée en musique *(p. 120)*.

JOUR 3

Matin

Découvrez la **forteresse Pierre-et-Paul★★★** *(p. 69)*, berceau de la cité, puis la première **maison du tsar**

Pierre le Grand★ *(p. 74)*, toute petite pour un si grand empereur...

▶ *Midi*

Déjeunez à la **Demianova Oukha** *(p. 106)*, ou patientez le temps d'arriver en métro **rue Rubinstein** *(p. 105)*, qui regorge de points de restauration.

▶ *Après-midi*

Retrouvez l'univers de l'écrivain au **musée-mémorial Dostoïevski★★** *(p. 67)* et profitez-en pour faire des emplettes gourmandes au **marché Kouznetchny** *(p. 115)*. Ou bien promenez-vous le long du charmant **canal Griboïedov** *(p. 57)* du côté de la pl. Sennaïa et faites une pause au **Coffee 22** *(p. 109)*. Continuez jusqu'à la **cathédrale St-Isaac★★** *(p. 51)* pour apprécier la vue du haut de sa colonnade. Puis gagnez le **quai de l'Université★★** et découvrez le travail des étudiants à l'**Académie des beaux-arts** *(p. 78)*.

▶ *Soir*

Retraversez la Neva pour passer à la soirée dans l'atmosphère branchée de la **Nouvelle-Hollande★★** *(p. 55)*.

> ***Jour 4 : aux alentours***
> *Visitez les palais impériaux. **Peterhof★★★** (p. 89), avec ses beaux jardins et ses jeux d'eau, **Tsarskoïe Selo★★★** (p. 93), plus majestueux, ou encore **Pavlovsk★★★** (p. 95), le plus charmant avec son parc à l'anglaise.*

F. Hollweck/imageBROKER/age fotostock

Le marché Kouznetchny.

Visiter Saint-Pétersbourg

Saint-Pétersbourg aujourd'hui 12
Du palais d'Hiver au palais d'Été★★★ 15
Musée de l'Ermitage★★★ 23
Perspective Nevski★★★ 30
Place des Arts★★★ 38
Musée Russe★★★ 44
Amirauté★★ 49
Place des Théâtres et canal Griboïedov★ 57
Entre la Fontanka et la place Vosstaniïa 63
Forteresse Pierre-et-Paul★★★ 69
Petrogradskaïa★★ 74
Île Vassilievski★★ 77
À l'écart du centre 82
Palais des environs de Saint-Pétersbourg★★★ 89

Le palais d'Hiver sous la neige.
double_p/iStock

Saint-Pétersbourg aujourd'hui

Venise ou Palmyre du Nord : Saint-Pétersbourg vaut mieux que ces comparaisons hâtives. « La ville la plus abstraite et la plus préméditée du monde », selon Dostoïevski, est la ville où Pierre le Grand concentra les beautés de l'Europe qu'il avait traversée en monarque, avide d'importer le meilleur. Saint-Pétersbourg est restée la capitale de cœur, le joyau des tsars et des successeurs de Staline, une ville qui surgit au débouché de la mer et s'étend à perte de vue.

La jeune fille et les ors

Née en 1703 par la volonté d'un homme, le tsar Pierre le Grand, Saint-Pétersbourg est une jeune fille au regard de Moscou, la vénérable rivale. Sa courte existence, trois siècles seulement, et sa rapide érection confèrent au centre historique une **unité architecturale**, exceptionnellement préservée en dépit des événements du 20e s. et de deux changements d'identité : Petrograd (1914) et Leningrad (1924). Ses efforts de préservation ont été récompensés par un classement au **patrimoine mondial de l'Unesco** en 1990. Renouant dès lors avec son passé, la cité du Nord a repris son nom de naissance.

La prisonnière

Fabuleux conservatoire de styles architecturaux, elle est aussi prisonnière de cette image européenne : pas assez russe, trop frondeuse... Son tempérament atypique a conduit les bolcheviks à transférer la capitale à Moscou, après la rupture de la révolution. Petrograd/Leningrad connaît des heures sombres, mais n'en poursuit pas moins sa dynamique architecturale. Constructivisme et férule stalinienne rompent avec le cœur préservé de la cité. Ville puissante, industrielle et financière, sous les derniers feux des tsars, la cité de Vladimir Poutine est aujourd'hui la deuxième ville d'un pays qui est au 3e rang mondial pour la production de pétrole, au 2e rang en matière de gaz. Elle doit donc réconcilier une étiquette patrimoniale et une dynamique économique nourrie par 5,3 millions d'habitants. Les 6,9 millions de touristes qui se pressent chaque année dans la cité de la Baltique attendent le choc des palais et le mirage des canaux. Un piège dont la ville se défie, sous peine de s'endormir telle une Belle au bois dormant.

Sous l'eau qui dort

Il y a bien, sous les ors impériaux, **une métropole avenante**. Rien à voir avec ce qu'on aurait pu observer il y a une quinzaine d'années seulement. La sortie du communisme, la crise économique de 1998, la chute du rouble, ont précédé la reprise. Si le niveau des salaires a augmenté, réactivant le marché intérieur, pour beaucoup prévaut le **règne de la débrouille**, celui du cumul de plusieurs activités et de l'exploitation du lopin de terre que la plupart des Pétersbourgeois possèdent dans les environs de la ville. En témoignent ces grands-mères qui vendent sur les trottoirs des bouquets de fleurs des champs et des concombres marinés ou surveillent les salles des musées. Les Pétersbourgeois sont encore 9 % à vivre dans un **appartement communautaire** *(kommounalka)*, et il suffit de sortir du centre historique pour comprendre que les investissements en matière de rénovation sont sélectifs...

L'invention sous la contrainte

En marge du boom immobilier et de l'explosion du tertiaire, l'emploi informel n'a fait qu'augmenter depuis 1990. Il s'accompagne de l'apparition de lieux alternatifs s'appuyant sur les lambeaux de l'État-providence autant que sur le nouveau laisser-faire et la disponibilité d'espaces désaffectés. Privilégier le temps sur l'argent, constituer des noyaux de fidèles et échanger paroles ou musiques autour d'une table, telle est la philosophie qui prévaut dans les « lofts » ou les petits cafés d'étudiants qui animent le centre-ville et ses marges. La municipalité regarde d'un bon œil les initiatives privées qui font la part belle à l'art contemporain, comme dans le complexe rénové de la Nouvelle-Hollande. Le dynamisme des musées, l'inventivité de certains chefs, le cadre recherché des

J.-M. Liot/hemis.fr

Devant la cathédrale St-Isaac.

nouveaux restaurants, la chaleur de l'accueil participent de la vie pétersbourgeoise, que scandent des saisons très marquées. L'**hiver** glacial emprisonne la Neva sous sa couche de glace. La ville blanche scintille sous les lumières du Nord, en attendant l'été et les **Nuits blanches** *(p. 152)*, qui ne laissent plus de répit au voyageur : on flâne sur le canal Griboïedov, on s'attarde dans un parc et, le soir venu, le spectacle fabuleux des ponts illuminés qui se lèvent pour laisser le passage aux navires de fort tonnage donne aux quais un air de fête.
Il reste quelques heures pour dormir et recommencer la découverte.

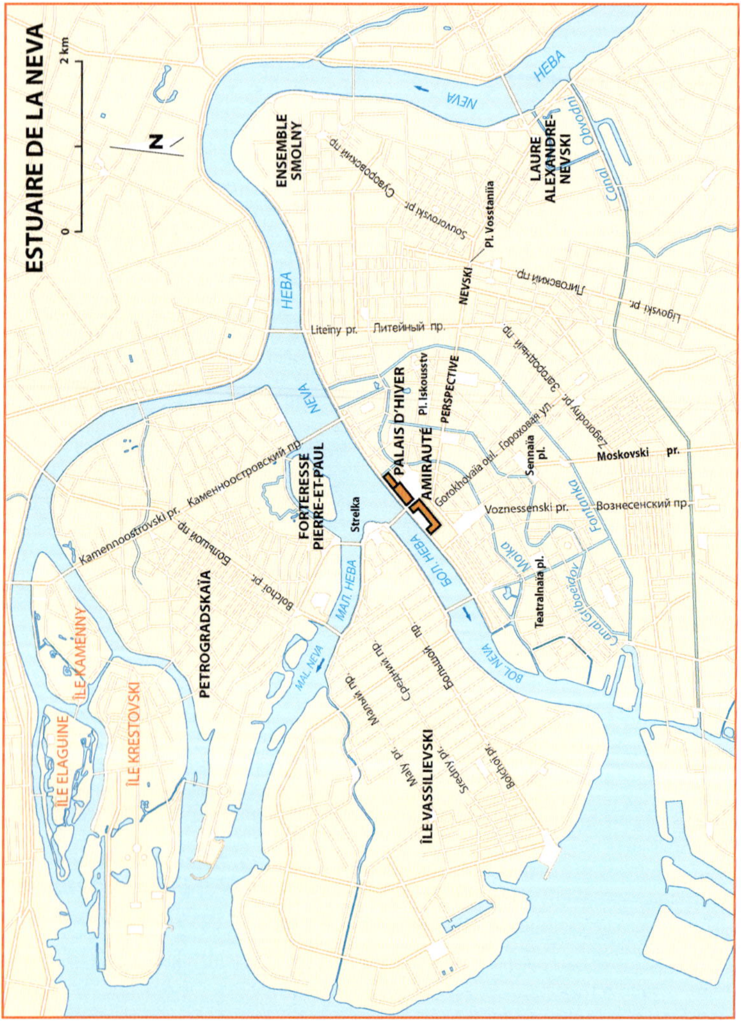

ESTUAIRE DE LA NEVA
0
2 km
N
ENSEMBLE SMOLNY
LAURE ALEXANDRE-NEVSKI
Canal Obvodni
NEVA
НЕВА
Souvorovski pr.
Суворовский пр.
Pl. Vosstaniia
NEVSKI
PERSPECTIVE
Лиговский пр.
Ligovski pr.
Liteïny pr.
Литейный пр.
Загородный пр.
Zagorodny pr.
Pl. Iskousstv
PALAIS D'HIVER
AMIRAUTÉ
Gorokhovaïa oul.
Гороховая ул.
Sennaïa pl.
Moskovski pr.
MONUMENT AUX HÉROS
Voznessenski pr.
Вознесенский пр.
Fontanka
Moïka
Canal Griboïedov
Teatralnaia pl.
FORTERESSE PIERRE-ET-PAUL
Strelka
Kamennoostrovski pr.
Каменноостровский пр.
Большой пр.
Bolchoï pr.
PETROGRADSKAÏA
МАЛ. НЕВА
MAL. NEVA
БОЛ. НЕВА
BOL. NEVA
Малый пр.
Средний пр.
Большой пр.
Maly pr.
Sredny pr.
Bolchoï pr.
ÎLE VASSILIEVSKI
ÎLE KAMENNY
ÎLE ELAGUINE
ÎLE KRESTOVSKI

Du palais d'Hiver au palais d'Été★★★

Majestueux et solennels, les palais et les quais du somptueux quartier impérial gravitent autour du palais d'Hiver : chef-d'œuvre d'urbanisme et symbole de l'histoire de Saint-Pétersbourg, cet ensemble donne la juste mesure du génie des architectes qui ont su évoquer dans la pierre l'immensité des espaces russes. À l'opposé, le modeste palais d'Été témoigne des goûts du fondateur de la ville qui, s'il débordait d'ambition pour son empire, aimait vivre simplement.

▶**Accès :** Ⓜ Admiralteïskaïa (ligne 5), Nevski Prospekt (ligne 2), Gostiny Dvor (ligne 3).

Plan de quartier** **p. 18-20*. Plan détachable EF 4-5.***

▶**Conseil :** Vous trouverez peu de lieux pour vous restaurer dans le quartier ; prévoyez vos visites en conséquence. Le musée-appartement Pouchkine est à deux pas de l'hôtel Kempinski, en haut duquel le bar offre une vue d'ensemble sur le quartier. Devant l'hôtel, départ de croisières.

DVORTSOVAÏA PLOCHTCHAD★★★

Дворцовая площадь

Bordée par le **palais d'Hiver**, où habitèrent les tsars de 1762 à 1917, l'immense **place du Palais** (près de 8 ha) est la plus importante de la ville. Elle a vu s'écrire les grandes pages de l'histoire du pays, en particulier la révolution d'octobre 1917. Lieu de défilés militaires et de manifestations populaires à l'époque soviétique, elle est aujourd'hui l'un des pôles culturels de Saint-Pétersbourg et sert toujours d'arène aux grands défilés du 9 Mai, jour où les Russes fêtent la capitulation de l'Allemagne nazie. On l'atteint en passant sous le double **arc de triomphe** depuis la rue Bolchaïa Morskaïa : un superbe panorama se déploie, dans un effet théâtral calculé par l'architecte **Carlo Rossi**, qui réaménagea les lieux à la demande d'Alexandre Ier dans les premières décennies du 19e s. Bien qu'entourée d'édifices de diverses époques, la place possède une merveilleuse unité. La fantaisie 18e du palais d'Hiver, d'une exubérance toute baroque, est équilibrée par l'architecture classique des bâtiments de l'**État-Major**★★ (1819-1829), d'une grande sobriété. L'ensemble, complété par la **colonne Alexandre**, s'ouvre à l'ouest vers l'**Amirauté** *(p. 49)*.

Colonne Alexandre★★

Érigée en 1834 sous Nicolas Ier, cette colonne est dédiée à son frère aîné, **Alexandre Ier**, vainqueur de Napoléon en 1812. Le monolithe de

Vladislav Zolotov/iStock

L'édifice de l'État-Majeur sur la place du Palais.

granit rose de 600 t et de 47,50 m de hauteur tient sur son piédestal sans fixation. Au sommet, l'ange, tenant une croix et foulant un serpent, a les traits du tsar. Cette construction à la gloire militaire de la Russie est pourtant l'œuvre d'un Français, **Auguste de Montferrand**, ancien soldat de Napoléon, à qui la ville doit aussi la cathédrale St-Isaac (*p. 51*).

Arc de triomphe★★

De chaque côté de l'arc, surmonté d'une **Victoire ailée** sur un char à six chevaux qui célèbre la défaite des armées napoléoniennes, les bâtiments de l'**État-Major★★** furent achevés en 1829 sur les plans de **Rossi** ; ils accueillent aujourd'hui la nouvelle extension du musée de l'Ermitage. À gauche, au n° 4, se dresse l'ancien **État-Major de la garde** (1837-1843).

Un palais superlatif

Le palais d'Hiver frappe par ses dimensions colossales : occupant un territoire de 9 ha, il développe un périmètre de plus de 2 km. Riche d'une multitude d'ornementations (400 colonnes, 12 formes de fenêtres et 22 types d'encadrements), l'édifice possède des façades toutes différentes. La principale, sur la place, est percée de trois portails, ouvrant sur la cour d'honneur intérieure où se trouve l'entrée du musée.

PALAIS D'HIVER★★★

Zimni dvorets/Зимний дворец
Siège du **musée de l'Ermitage** depuis 1946 *(p. 23)*, la résidence impériale se compose d'un ensemble de constructions qui se sont harmonieusement juxtaposées au fil des années.
En 1751, l'impératrice Élisabeth Petrovna demanda à **Francesco Bartolomeo Rastrelli** de réaliser le bâtiment d'origine. Le palais d'Hiver, de style baroque tardif, fut achevé sous le règne de Catherine II. Jouxtant le précédent à l'est, le **Petit Ermitage** (1764-1775), destiné à entreposer les collections artistiques de la souveraine, fut bâti par Vallin de La Mothe. À côté, le **Vieil Ermitage** (1771-1784) fut ensuite ajouté le long de la Neva par Youri Velten. Vint après le **théâtre de l'Ermitage**★, séparé du précédent par un petit pont en dos d'âne (1778-1787), qui enjambe le **canal d'Hiver**★. En 1837, le palais, ravagé par un incendie, fut reconstruit en à peine dix-huit mois par Stassov et Brioullov. Bâti devant le Vieil Ermitage, le **Nouvel Ermitage**★ (Klenze, 1842-1852), apport de Nicolas Ier, est le seul de ces édifices destiné dès l'origine à être ouvert au public ; sa façade principale, donnant sur la **Millionnaïa oulitsa**★, la « rue des Millionnaires » *(p. 22)*, est ornée d'atlantes géants en granit, exécutés par Alexandre Terebenev.
Le palais d'Hiver fut rarement occupé par la famille impériale après le règne d'Alexandre II (1855-1881). Pendant la Première Guerre mondiale, plusieurs salles furent transformées en hôpital et, après l'abdication de Nicolas II (mars 1917), le gouvernement provisoire de Kerenski y établit son quartier général.

DVORTSOVAÏA NABEREJNAÏA★★

Дворцовая набережная
Avec son alignement de somptueuses résidences tournant leurs façades vers la Neva, le **quai du Palais** est le plus beau de la ville.

Palais d'Hiver de Pierre le Grand

Zimni dvorets Pietra I/Зимний дворец Петра I
Dvortsovaïa nab., 32 - ☎ (812) 710 90 70 - www.hermitagemuseum.org - 10h30-18h (21h merc. et vend.) - fermé lun. - 300 Roub., 700 Roub. billet combiné pour tous les sites du musée de l'Ermitage.
Après les bâtiments appartenant à l'Ermitage, reliés entre eux par des passages et des ponts, on parvient à la première résidence du tsar et de sa famille dans la ville, au dessus de laquelle fut bâti le théâtre de l'Ermitage. Le parcours explore les vestiges du palais, où sont exposés des objets personnels du tsar (des lunettes, un horloge, une tabatière...), son carrosse et l'effigie de cire modelée par le sculpteur Rastrelli, à la demande de Catherine après la mort de Pierre, laquelle eut lieu ici le 28 janvier 1725.
Au **n° 26** se dresse le palais du grand-duc Vladimir Alexandrovitch, élevé en 1872 dans le style de la Renaissance florentine. Il accueille aujourd'hui la Maison des savants.

FORTERESSE PIERRE ET PAUL
DU PALAIS D'HIVER
AU PALAIS D'ÉTÉ
0
100
200 m
Neva
FAIRE UNE PAUSE
Bellevue 18
Bizé 3
Ziferburg 11
Neva
Нева
N
Troitski most
Троицкий мост
Palais de Marbre
Marsovo p. Zapadny
Марсово п.
Dvortsovaïa nab.
Mochkov
Мошков
per.
пер.
Balchoï Koniouchenny most
Большой Конюшенный мост
Palais d'Hiver
de Pierre Ier
Millionnaïa oul.
Zimniaïa kanavka
наб. р. Мойки
Koniouchennaïa pl.
Конюшенная пл.
nab. reki Moïki
Musée-appartement
Pouchkine
PALAIS D'HIVER
Piervy Zimmi
most
Первый Зимний
мост
Sauveur-sur-
le-Sang-Versé
Dvortsovy
most
Дворцовый
мост
ERMITAGE
Kapella
Pevtcheski most
Théâtre
Mikhaïlovski
Дворцовый пр.
Dvortsovy pr.
Colonne
Alexandre
DVORTSOVAÏA
PLOCHTCHAD
ÉTAT-MAJOR
GÉNÉRAL
nab. r. Moïki
Волынский пер.
Volynski per.
Chviedski per.
Шведский
пер.
Бо. Конюшенная ул.
Amirauté
Admiralteïski prosp.
Александровский сад
Jardin Alexandrovski
Bal. Koniouchennaïa oul.
Mal. Koniouchennaïa oul.
Мал. Конюшенная ул.
nab. kanala Griboïedova
наб. канала Грибоедова
наб. реки Мойки
Consulat
de France
NEVSKI PROSP.
Nevski prosp.
Невский просп.
Мал. Морская ул.
Kirpitchny per.
Кирпичный пер.
oul.
ул.
Kazanskaïa pl.
Казанская пл.
Gorokhovaïa oul.
Гороховая ул.
Mal. Morskaïa oul.
Bol. Morskaïa
Бол. Морская
Moïka
Мойка

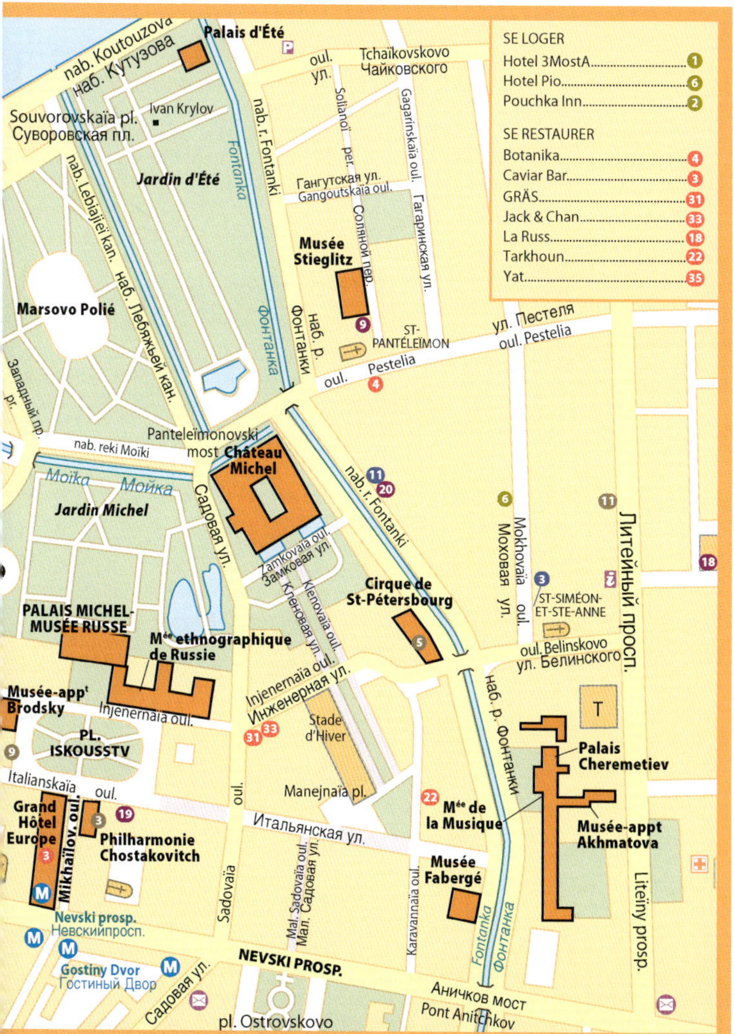
SE LOGER
Hotel 3MostA 1
Hotel Pio 6
Pouchka Inn 2
SE RESTAURER
Botanika 4
Caviar Bar 3
GRÄS 31
Jack & Chan 33
La Russ 18
Tarkhoun 22
Yat 35
Palais d'Été
nab. Koutouzova
наб. Кутузова
Souvorovskaïa pl.
Суворовская пл.
Ivan Krylov
Jardin d'Été
Fontanka
Фонтанка
nab. r. Fontanki
наб. р. Фонтанки
oul. Tchaïkovskovo
ул. Чайковского
Solianoï per.
Соляной пер.
Gagarinskaïa oul.
Гагаринская ул.
Гангутская ул.
Gangoutskaïa oul.
Musée Stieglitz
Marsovo Polié
nab. Lebiajieï kan.
наб. Лебяжьей кан.
Западный пр.
ST-PANTÉLEÏMON
ул. Пестеля
oul. Pestelia
Panteleïmonovski most
nab. reki Moïki
Moïka
Мойка
Château Michel
Jardin Michel
Садовая ул.
Zamkovaïa oul.
Замковая ул.
Кленовая ул.
Klenovaïa oul.
Cirque de St-Pétersbourg
Mokhovaïa oul.
Моховая ул.
ST-SIMÉON-ET-STE-ANNE
Литейный просп.
oul. Belinskovo
ул. Белинского
PALAIS MICHEL-MUSÉE RUSSE
Mée ethnographique de Russie
Musée-appt Brodsky
Injenernaïa oul.
Injenernaïa oul.
Инженерная ул.
Stade d'Hiver
Palais Cheremetiev
PL. ISKOUSSTV
Italianskaïa oul.
Manejnaïa pl.
Mée de la Musique
Grand Hôtel Europe
Mikhaïlov. oul.
Philharmonie Chostakovitch
Итальянская ул.
Musée-appt Akhmatova
Musée Fabergé
Sadovaïa oul.
Mal. Sadovaïa oul.
Мал. Садовая ул.
Karavannaïa oul.
Liteïny prosp.
Nevski prosp.
Невскийпросп.
Gostiny Dvor
Гостиный Двор
Садовая ул.
NEVSKI PROSP.
Аничков мост
Pont Anitchkov
pl. Ostrovskovo

SHOPPING
Golytsin Loft........ 20
Onegin Art Gallery........ 19
Solart Gallery........ 9
Tertsia........ 8
Russkaya Starina........ 18
21 Shop........ 13

SORTIR
Brodiatchaïa Sobaka........ 9
Cirque........ 5
G. A. Blues Club........ 11
Gossoudarstvennaïa Akademitcheskaïa Kapella........ 4
Philharmonie Chostakovich........ 3
Théâtre Mikhaïlovski........ 2

L'édifice monumental au **n° 18** est le palais du grand-duc Mikhaïl Nikolaïevitch, construit en 1863 dans le style rococo. Au **n° 16** se trouve l'ancien Club anglais évoqué dans le roman de Tolstoï, *Anna Karénine* ; au **n° 8**, la façade rose dont les avancées sont soutenues par des atlantes égyptiens est celle du **palais de Kantemir**, écrivain et homme politique moldave.

PALAIS DE MARBRE★★

Mramorny dvorets/Мраморный дворец

*Entrée par l'arrière, Millionnaïa oul. 5/1 (**p. 22**) - (812) 595 42 48 - www.rusmuseum.ru - tlj sf mar. 10h-18h, jeu. 13h-21h - 400 Roub. - 1000 Roub. billet combiné (recommandé) pour tous les sites du musée Russe valable 3 j.*

Le palais, commandé par Catherine II à **Antonio Rinaldi** (1768-1785) pour son favori le comte Orlov, doit son nom aux 32 variétés de marbre utilisées pour sa décoration. L'intérieur, maintes fois modifié, fut entièrement refait par **Alexandre Brioullov** dans les années 1840. L'**escalier d'apparat★**, en marbre gris et blanc, et la magnifique **salle de Marbre★★★**, chefs-d'œuvre de Rinaldi, ont été conservés. Les autres salles du 2e étage accueillent le **Ludwig Museum★**, une remarquable collection d'œuvres d'art contemporain (Picasso, Lichtenstein, Rauchenberg, Warhol, etc.). Le dernier étage est consacré aux expositions temporaires.

MARSOVO POLIÉ

Марсово поле

Le **Champ de Mars** fut aménagé sur des marécages par Pierre le Grand pour les réjouissances qui suivaient les victoires de l'armée. On garda l'habitude d'y organiser parades et défilés militaires. Dans l'allée centrale, un monument (1919) rend hommage aux morts de la Révolution.

JARDIN ET PALAIS D'ÉTÉ★

Jardin d'Été★

Lietni sad/Летний сад

en.rusmuseum.ru/summer-garden - tlj sf mar. 10h -18h, jeu. 13h-21h - entrée libre.

Pierre le Grand dessina lui-même les plans de ce jardin, qu'il voulait à l'image de celui de Versailles. Tracées au milieu d'essences rares et de buissons taillés, les allées sont ornées de fontaines et de quelque

250 statues de divinités antiques venant principalement d'Italie, dont la célèbre *Vénus Tauride,* aujourd'hui exposée à l'Ermitage (les statues en place sont des copies). Ravagé par une inondation en 1777, le lieu fut transformé par Catherine II en un parc à l'anglaise et ouvert à la noblesse. En 1784, il fut séparé de la Neva par une **grille en fer forgé**★ dessinée par Velten. Ce n'est que sous le règne de Nicolas Ier (1825-1855) que « toute personne correctement vêtue » fut autorisée à y entrer. Près de l'allée centrale, on découvre le monument au fabuliste Ivan Krylov, installé en 1855 ; des musiciens y donnent souvent des concerts à la belle saison. Théâtre de grandes festivités à ses débuts, le jardin est aujourd'hui l'un des lieux de promenade favoris des Pétersbourgeois.

Palais d'Été★★

Lietni dvorets/Летний дворец

en.rusmuseum.ru/summer-palace-of-peter-1/info - mai-sept. tlj sf mar. visite accompagnée par groupes de 15 pers. à heures fixes (se rens. sur le site Internet) de 12h à 19h (jeu. 14h-20h) - fermé en cas de pluie - 500 Roub.

Les billets sont en vente à la caisse de 10h à 20h. Comme les groupes se constituent vite, nous vous recommandons d'acheter à la billetterie dès le matin votre ticket pour l'heure qui vous convient, et de revenir à l'heure dite pour la visite.

Achevée en 1714, cette modeste demeure aménagée dans le style hollandais servait de résidence d'été à **Pierre le Grand**. Après une restauration particulièrement réussie, le palais a rouvert ses portes en 2018.

L'agencement des deux niveaux (le rdc pour le tsar, le 1er étage pour son épouse) est identique : six pièces, une cuisine, un couloir et la chambre des serviteurs. Seule concession au statut impérial, les fresques représentant les allégories des victoires russes et des vertus du couple impérial. La belle cuisine en carreaux de Delft fut la première de la ville à posséder l'eau courante. Le palais cessa d'être une résidence impériale après la mort du tsar.

MUSÉE STIEGLITZ★★

Музей Штиглица

Solianoï per. 13 - ✆ (812) 273 59 03 - ghpa.ru/museum-expo/poseshchenie-muzeya - tlj sauf lun. et dim. 11h-17h - 700 Roub (seult visite guidée de 2h sur réserv.).

Installé dans un magnifique bâtiment de style éclectique (1896) qui abrite l'école des Arts décoratifs et appliqués, ce musée confidentiel présente une partie des formidables collections du **baron Stieglitz**, industriel et mécène qui fonda l'école en 1876. Très inspiré de la Renaissance italienne, l'intérieur est une pure merveille. On y découvre de nombreux objets : meubles, céramiques, verreries… La salle la plus impressionnante est celle qui reproduit le décor du palais des Térems au Kremlin et expose une très belle collection de poupées en costume traditionnel des différentes provinces russes.

Le plus grand des poètes russes
*Né à Moscou dans une famille noble, Alexandre Pouchkine (1799-1837) étudia au lycée impérial de Tsarskoïe Selo (**p. 93**), puis vécut dans la capitale avant d'être exilé dans les provinces du Sud pour ses écrits politiques. Revenu à Saint-Pétersbourg après son mariage, il consacra à la ville son célèbre poème* ***Le Cavalier de bronze*** *(**p. 154**). Il mourut des blessures reçues au cours d'un duel dans lequel il défia par jalousie le baron d'Anthès, un séduisant Français. Poète, dramaturge, romancier, l'auteur de* ***La Dame de Pique****, d'****Eugène Onéguine****, du* ***Prisonnier du Caucase****, a eu une influence déterminante sur la littérature russe, qu'il a soustraite, le premier, aux influences occidentales, écrivant dans une langue à la fois élégante et simple.*

MUSÉE-APPARTEMENT POUCHKINE★★

Mouzeï-kvartira Pouchkina/Музей-квартира Пушкина

Nab. reki Moïki 12 - ✆ (812) 571 35 31 - www.museumpushkin.ru - tlj sf mar. et dernier vend. du mois 10h30-18h (entrée ttes les 20mn) - musée-appartement Pouchkine 380 Roub. avec audioguide en fr. - exposition sur l'œuvre et la vie du poète (Literaturnaia ekspositsia) 120 Roub./300 Roub. avec la visite guidée.

Cet hôtel particulier abrite le dernier appartement d'Alexandre Pouchkine, transformé en musée en 1925. Le poète vécut ici quelques mois avec sa femme, **Natalia Gontcharova**, leurs enfants et les deux sœurs de son épouse. Une exposition permanente éclaire la vie et l'œuvre du poète, mais le clou de la visite est son dernier appartement, demeuré dans l'état où il se trouvait le jour où Pouchkine partit pour son dernier duel. L'atmosphère émouvante est bien relayée par l'audioguide. Parmi les pièces les plus intéressantes, la lettre anonyme (rédigée en français) proclamant Pouchkine « Grand Maître de l'Ordre des Cocus », à l'origine du duel qui lui fut fatal. Dans son **cabinet de travail** se trouvent le divan sur lequel il expira et ses objets préférés, comme l'écritoire ornée d'un jeune homme noir, héritée de son arrière-grand-père d'origine éthiopienne. Sa bibliothèque est riche de 4500 volumes.

MILLIONNAÏA OULITSA★

Милионная улица

Comme son nom le laisse deviner, la **rue des Millionnaires** était habitée par l'aristocratie russe. Elle est bordée de luxueuses résidences dont les façades et les entrées principales donnent souvent sur la Neva. Au **n° 22** se dresse l'une des constructions les plus anciennes de la ville (1730-1770), la propriété du comte Apraxine. Au **n° 12**, le grand-duc Mikhaïl Alexandrovitch, frère de Nicolas II, signa en mars 1917 le décret d'abdication qui mit fin à la dynastie des Romanov. Balzac séjourna au **n° 10**, en 1843, alors qu'il rendait visite à sa future épouse, la comtesse Hanska, laquelle habitait la même rue.

Musée de l'Ermitage★★★

Mouzeï Ermitaj/Музей Эрмитаж

On entre à l'Ermitage avec une certaine impatience. Un musée se révèle, géant, russe, mais qui affiche plus d'un mariage avec la culture française, depuis qu'un certain Diderot souffla quelques conseils à Catherine II. Plus de trois millions d'objets sont venus s'agréger au fil du temps aux collections de l'un des plus grands musées du monde. L'évolution du palais qui les abrite nous conduit de l'apogée des tsars au règne du public, d'Elisabeth Petrovna à Vladimir Poutine. Les salles de l'Ermitage, qu'elles soient impériales ou purement muséales, rendent un immense hommage à la culture, et ce par l'entremise d'une scénographie irréprochable.

▶ **Accès :** Ⓜ Admiralteïskaïa (ligne 5), Nevski prospekt (ligne 2), Gostiny Dvor (ligne 3). Entrée visiteurs individuels : Dvortsovaïa pl. (sans billet) ou Millionnaïa oul. 37 (entre le Petit et le Nouvel Ermitage) si vous avez un billet acheté sur Internet ; entrée groupes : Dvortsovaïa nab. Entrée du bâtiment de l'État-Major : Dvortsovaïa pl. 6/8.

Schéma du musée p. 24.

▶ **Conseil :** Les prestigieuses collections des 19e et 20e s. sont visibles dans le bâtiment de l'État-Major. Cette répartition se prête à une visite en plusieurs temps : prévoyez au moins deux moments dans votre séjour, et privilégiez les nocturnes, moins fréquentées. Si vous achetez votre billet sur le site Internet, vous éviterez la file d'attente, qui peut être très longue. N'oubliez pas de vous munir du justificatif imprimé (proprement) sur papier blanc A4 et d'une pièce d'identité.

▶ **Informations** : ✆ (812) 710 90 79/571 84 46 (réserv. visite guidée) - www.hermitagemuseum.org - tlj 10h30-18h (21h merc. et vend.) fermé lun. - 700 Roub. billet acheté sur place pour tous les sites de l'Ermitage, le palais Menchikov et le musée de la Manufacture impériale de Porcelaine - valable 1 j ; 300 Roub. pour l'un des sites ; 1020 Roubl. billet acheté sur le site Internet (recommandé) pour tous les sites de l'Ermitage, le palais Menchikov et le musée de la Manufacture impériale de Porcelaine, valable 2 j après la 1re entrée - gratuit le 3e jeu. du mois - audioguide en français (en haut de l'escalier des Ambassadeurs) 500 Roub., laissez votre carte d'identité ou 2000 Roub. de caution - galeries du Trésor : visite guidée en anglais - 11h-16h (dim. 15h.) - 350 Roub. Les billets d'accès au Trésor n'étant pas vendu sur Internet, pensez à les prendre sur place dès votre arrivée.

Plans gratuits dans toutes les langues à l'accueil.

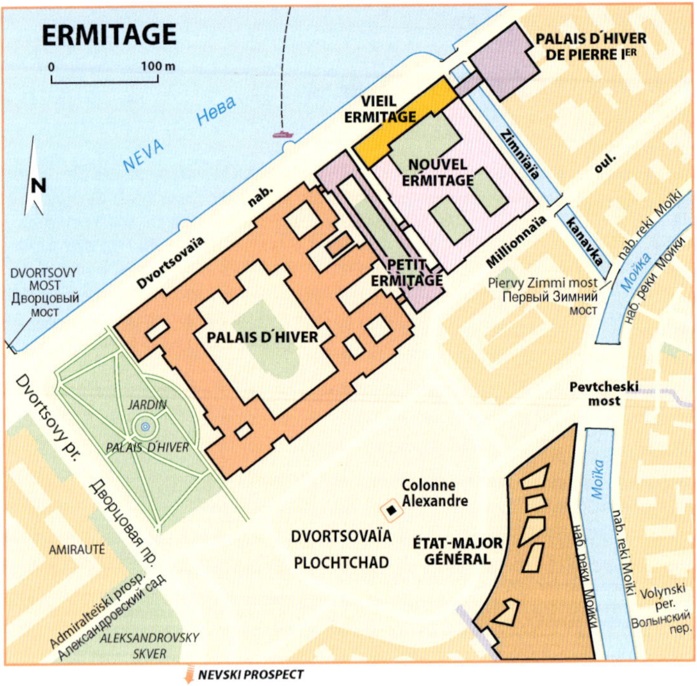

Bon à savoir – Pour un premier séjour à Saint-Pétersbourg, si vous disposez d'un temps limité, montez directement au deuxième niveau par l'escalier des Ambassadeurs, afin de traverser les **salles d'apparat** et de visiter les collections de **peinture européenne** – comptez trois heures. Prévoyez également une heure pour les **galeries du Trésor★★★** (objets scythes, sarmates, bijoux, etc. - Trésorerie de diamant au Nouvel Ermitage et Trésorerie d'or au palais d'Hiver); et trois heures à l'État-Major pour voir les **collections impressionnistes et modernes**.

UN MUSÉE EUROPÉEN

Le palais d'Hiver et les différents Ermitage (*p. 17*), auxquels ont été adjoints en 2014 les bâtiments restaurés de l'État-Major, abritent le musée dont l'histoire commence sous le règne de **Catherine II**. Désireuse de tenir sa place dans le

Dans la Grande église du Palais d'Hiver.
Anton_Ivanov/Shutterstock.com

concert des nations européennes, elle acquiert en 1764 un ensemble de plus de 200 toiles initialement destinées à Frédéric II de Prusse. En 1772, le fonds s'enrichit de la collection Crozat (*encadré ci-dessous*), laquelle ne compte pas moins de douze Rubens, sept Van Dyck, cinq Poussin, trois Watteau, mais aussi la *Danaé* de Titien, un Raphaël, des Chardin... À sa mort, sa collection compte 4 000 toiles, 10 000 dessins et autant de pierres gravées.
Ses successeurs poursuivent les acquisitions d'objets européens et russes. Après la mort de Joséphine de Beauharnais, dont il avait été proche, **Alexandre Ier** achète à ses enfants, Hortense et Eugène, une partie des chefs-d'œuvre rassemblés par leur mère à Malmaison, ce qui nous vaut aujourd'hui le plaisir de traverser la galerie des Canova et d'admirer deux des plus belles descentes de croix de l'art occidental : celles de Rembrandt et de Rubens.
Nicolas Ier, en 1852, ouvre les collections au public en créant le Musée impérial dans une nouvelle extension de l'Ermitage (*p. 17*).

Nationalisées après 1917, enrichies des innombrables biens confisqués au cours de la Révolution, des saisies de guerre, et des acquisitions du musée, les collections de l'Ermitage comptent aujourd'hui 3 millions de pièces, dont 60 000 seulement sont exposées à Saint-Pétersbourg. L'art russe est aujourd'hui exposé au musée Russe (*p. 44*). Depuis la fin de l'ère soviétique, l'Ermitage a ouvert des succursales ou des centres de recherches en Russie, à Kazan, et à l'étranger, notamment à Amsterdam et Venise ; il travaille aussi étroitement à des projets de collaboration avec de grandes institutions internationales telle la Fondation Guggenheim.

ERMITAGE

Palais d'Hiver

▶Rez-de-chaussée

Dédié à la **préhistoire** et aux civilisations de l'**Antiquité**, il conserve des pièces peu courantes dans les musées occidentaux : objets issus des fouilles réalisées dans l'Oural et en Sibérie, cultures des peuples de l'Altaï, du Caucase, d'Asie centrale,

Fuite de trésors ?

En 1772, Catherine II acquiert 400 œuvres d'art issues de la collection Crozat, une des plus belles jamais constituées en Europe. L'intermédiaire de la transaction n'est autre que Diderot, grand amateur d'art, qui provoque par ses démarches l'un des premiers débats sur la sortie des œuvres d'art du sol national. En privant la France d'un fonds insigne, il permet à la Grande Catherine d'ajouter à une collection déjà imposante certains des fleurons des quelque 17 000 peintures que compte aujourd'hui l'Ermitage. Les Français, heureux de pouvoir fréquenter le plus grand musée du monde à Paris, auront néanmoins à casser leur tirelire pour voir les tableaux Crozat, mais ne peuvent que se féliciter que, grâce à Diderot et l'impératrice, ce fonds exceptionnel n'ait jamais été dispersé.

des royaumes de la mer Noire... Les salles consacrées aux **Scythes**, principaux représentants de l'art des steppes, caractérisé par des objets légers aux motifs animaliers (panthères, lions, cerfs, oiseaux notamment), sont sans équivalent dans le monde (originaux dans les **galeries du Trésor★★★**).

▶1er étage

Comme l'ont fait des centaines de délégations diplomatiques au temps des tsars, montez les degrés de l'**escalier des Ambassadeurs★★★**, ou **escalier du Jourdain**, dont le dispositif baroque, réalisé en marbre de Carrare, impose d'emblée l'échelle du palais. La famille royale empruntait cet escalier chaque année le 6 janvier, pour descendre jusqu'à la Neva afin de célébrer le baptême du Christ et d'assister à la bénédiction des eaux du fleuve.

En haut des marches, prenez à gauche.

Salles d'apparat★★★ – Par leurs ornements et leur mobilier, ces espaces ont conservé la dimension impériale du palais d'Hiver. La **salle Pierre-le-Grand** (*salle 194*), aux murs tendus de soie de Lyon et au mobilier d'argent, fut créée au 19e s. par Auguste de Montferrand en hommage au tsar fondateur. La vaste **salle des Armoiries** (*salle 195*) accueillait les grandes réceptions. La salle St-Georges, ou **grande salle du Trône** (*salle 198*) dont le parquet se compose de seize essences de bois précieux, accueillait les cérémonies officielles.

Enfilade de la Neva★★ – *Revenez sur vos pas et empruntez l'enfilade des trois salles (190-192) en face de l'escalier du Jourdain.* L'enfilade de la Neva fut aménagée par Giacomo Quarenghi à la fin du 18e s. et restaurée par Stassov après l'incendie de 1837. La **salle des Concerts** *(salle 190),* décorée de sculptures représentant les neuf muses, accueille depuis 1922 la **châsse de saint Alexandre Nevski**, *(p. 87)*.

La **salle Nicolas** (*salle 191*), avec ses colonnes corinthiennes, est la plus vaste du palais (plus de 1100 m²) et était réservée aux bals.

Pièce de réception officielle, unique en son genre, le **salon de Malachite★★★** *(salle 189)* arbore ses colonnes, sa cheminée et son mobilier réalisés à partir de la pierre verte issue des gisements de l'Oural.

Appartements privés de la famille Romanov★★ – Quelques superbes pièces de mobilier constituent des ensembles remarquables : bibliothèque de Nicolas II *(salle 178)*, salon Doré *(salle 304)* et salle Blanche *(salle 289)*. Suit la section d'art français du 18e : *Le Repos pendant la fuite en Égypte* de Boucher ; le *Bénédicité* de **Chardin** et de superbes **Hubert Robert** dont on comprend bien la destination décorative.

Après avoir traversé l'immense salle Alexandre *(salle 282 - argenterie impériale)*, ne manquez pas la salle des Claude Lorrain (*salle 280*) et la **salle des Poussin★★★** (*salle 279 - Descente de croix, Paysage avec Polyphème*).

On traverse ensuite la partie méridionale du **petit Ermitage**, qui laisse entrevoir le jardin suspendu à gauche.

Nouvel Ermitage

▶1er étage

Changement d'atmosphère en arrivant dans le Nouvel Ermitage, dont le décor néogrec, contrairement à celui du palais d'Hiver, a été d'emblée conçu pour accueillir un musée. Arrêtez-vous dans la **salle des Rubens★★★** (*salle 247* - 22 tableaux et 19 esquisses, soit l'une des plus grandes collections du monde, dont la sublime *Descente de croix*), puis dans la **salle des Van Dyck★★★** (*salle 246* - 25 tableaux, dont son bel *Autoportrait* de 1641).

Traversez le hall d'escalier aux imposantes colonnes pour rejoindre la **galerie d'histoire de la peinture ancienne** (*salle 241*), avec son décor raffiné qui servait à sa création d'introduction aux salles de peinture. Vous y admirerez les marbres de **Canova** : *Les Trois Grâces* et *Psyché ranimée par le baiser de l'Amour*, dont l'autre version est aujourd'hui conservée au Louvre.

Passez ensuite dans les salles italiennes à éclairage zénithal (ravissante *Cléopâtre* de Massimo Stanzione, v. 1630) et continuez à droite vers la galerie des **loges de Raphaël** *(salle 227)*, copie des salles du Vatican réalisée en 1783 à la demande de Catherine II. Seul le blason du pape Léon X a été remplacé par l'aigle bicéphale des armoiries de la Russie. Voyez, dans les salles adjacentes, le *Garçon accroupi* de **Michel-Ange** *(salle 230)* et le *Joueur de luth* de **Caravage** *(salle 232)*. Au bout de la section italienne, le cabinet espagnol conserve les *Apôtres Pierre et Paul* du **Greco** *(salle 240)*.

Rejoignez la **salle des Rembrandt★★★** *(salle 254). Le Retour du fils prodigue* (1667) semble surgir de la nuit et introduit un ensemble exceptionnel de 36 toiles du maître.

Salle du Pavillon★★★ – *Salle 204.* Entre le jardin suspendu et la Neva, cette salle, pourvue d'un décor blanc et or mi-antique, mi-orientalisant, est l'une des plus spectaculaires de l'Ermitage. Elle abrite une horloge-automate en forme de paon réalisée à la fin du 18e s. par le bijoutier anglais James Cox.

Enfin, l'aile septentrionale du Nouvel Ermitage réserve encore des trésors : la **salle des Titien★★★** *(salle 221 - Danaé* et sa pluie d'or), la **salle des Véronèse★★★** (*salle 222 - Déploration du Christ mort*) et la salle des **Léonard de Vinci★★★** (*salle 214*), où sont exposées la *Madone Benois* et la *Madone Litta*, deux des 14 tableaux connus de l'artiste.

▶Rez-de-chaussée

La superbe collection d'**antiquités grecques et romaines★★** est située dans des salles majestueuses aménagées par Leo von Klenze. Il s'agit surtout de la **salle des Vingt Colonnes** *(salle 130)*, destinée à accueillir la splendide collection de **vases antiques à figures rouges★★★**. Dans la salle 121, on admire une belle collection de **statuettes de Tanagra★★** (3e s. av. J.-C.) et le célèbre **Camée de Gonzague**, l'un des plus grands au monde, offert par Joséphine de Beauharnais à Alexandre Ier.

ÉTAT-MAJOR

Entrée à gauche de l'arc de Triomphe. Au moment de notre passage, les salons du niveau 3 du côté de la Neva étaient en train d'être aménagés avec des collections de peinture italienne du 19e s.

Pour célébrer ses 250 ans en 2014, l'Ermitage s'est doté de nouveaux espaces afin de redéployer la collection de peinture européenne des 19e et 20e s. Réhabilitation réussie par le Studio 44 d'un bâtiment militaire, l'État-Major pousse le classicisme à des dimensions gigantesques. Les halls d'accueil et de circulation, résolument contemporains, n'ont rien à envier à la majesté des bâtiments d'en face : structures en acier, escaliers monumentaux et garde-corps en verre, portes géantes en bois, éclairage zénithal sous des verrières à hauteur vertigineuse, l'entrée en matière est étourdissante. Des bornes interactives affichent le plan limpide des salles qui s'enchaînent, sur quatre niveaux, autour d'atriums lumineux, soit du côté de la place du Palais, soit à l'arrière du bâtiment vers la Moïka. La circulation est fluide et la muséographie spécialement réussie du côté de la rivière, au **niveau 4★★★**, où l'éclairage zénithal et les caissons en béton servent particulièrement l'accrochage des **salles Matisse** (37 toiles, dont la *Musique* et la *Danse*). Une bonne partie des richesses en art moderne proviennent des saisies révolutionnaires, en particulier des biens des collectionneurs Sergueï Chtchoukine et Ivan Morosov. C'est ainsi qu'après les salles Matisse, celles consacrées à **Picasso** (31 toiles, périodes bleue – *Portrait de Benet Soler* – et cubiste) achèvent de vous enthousiasmer à la fois par l'exceptionnelle qualité des toiles et par la beauté de l'accrochage : salles amples, murs colorés, bois et béton. Superbes **Derain** avant de passer, du côté de la place du Palais, dans les salles consacrées aux **Fauves**, puis à Vallotton, Bonnard, **Van Gogh, Gauguin** (19 toiles de la période tahitienne), **Cézanne** *(Le Fumeur)*, **Renoir** *(Portrait de l'actrice Jeanne Samary)*, puis les impressionnistes, Manet (un seul !), Degas *(Place de la Concorde)* et les **Monet** *(Femmes au jardin)*.

La salle 410 cache un trésor inattendu : la reconstitution après soixante-dix ans du **salon de musique★★★** de l'hôtel particulier de Morosov à Moscou, réalisé par Maurice Denis en 1907 avec un cycle dédié à l'histoire de Psyché et complété par quatre sculptures en bronze d'Aristide Maillol.

Au **niveau 3**, les appartements privés du ministre des Affaires étrangères, puis chancelier, le comte de Nesselrode, dessinés par Rossi dans les années 1820, ont été restaurés avec soin (beau mobilier) et restituent la vocation première du bâtiment. Les salles de peinture française du 19e (*Portrait de Joséphine* par Gérard) est à voir, ainsi que le somptueux ensemble de **Caspar David Friedrich★★** *(salle 352)*.

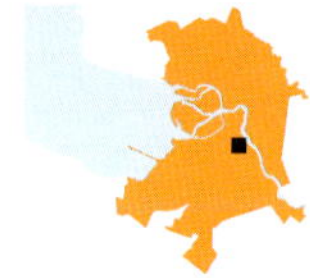

Perspective Nevski★★★

Nevski Prospekt/Невский проспект

Alpha et oméga de Pétersbourg, pour citer Gogol, la célèbre avenue est à la fois un axe déterminant de la cité et un lieu de déambulation active. Bordée de palais élégants et d'immeubles historiques, coupée par des canaux offrant des vues d'une beauté saisissante, la perspective est ponctuée de squares, de places, de terrasses et de boutiques où se pressent les visiteurs du monde entier. Percée à partir de 1712, la perspective Nevski, à l'origine un simple chemin de terre, relie en 4,5 km l'Amirauté à la laure Alexandre-Nevski. La construction de la gare de Moscou en 1851 n'a fait que renforcer son rôle central. Sachez-le : où que vous soyez en ville, vos pas vous ramèneront toujours sur « Nevski ».

▶**Accès :** D'ouest en est, Ⓜ Admiralteïskaïa (ligne 5), Nevski prospekt (ligne 2), Gostiny Dvor (ligne 3), Plochtchad Vosstaniïa (ligne 1), Plochtchad Aleksandra-Nevskovo (ligne 4).

Plan de quartier p. 32-33. Plan détachable EH 5-6.

▶**Conseil :** Si vous n'avez que peu de temps, privilégiez la première partie de la perspective, la plus animée (jusqu'à la Fontanka). Des ponts qui jalonnent la perspective partent les promenades en bateau sur les canaux *(p. 131)*.

AU FIL DE LA PROMENADE

Au **n° 7-9**, le **palais Wawelberg**, construit pour des banquiers en 1912, rappelle à la fois le palais des Doges de Venise et le palais Médicis de Florence. Au **n° 14**, une inscription évoque de manière laconique les dangers encourus par les habitants de la ville pendant la Seconde Guerre mondiale : « Citoyens ! En cas de tirs d'artillerie, ce côté de la rue est le plus dangereux. »

La **Bolchaïa Morskaïa oul.**, qui coupe la perspective de part et d'autre, mène, côté pair, à la Dvortsovaïa pl. à travers l'arc de l'État-Major général *(p. 16)*, et, côté impair, à la place St-Isaac *(p. 51-53)*.

Au **n° 18**, le Café littéraire est installé dans l'ancienne **pâtisserie Wolf et Béranger** où Pouchkine retrouva son témoin avant d'aller se battre en duel *(p. 22)*.

Au **n° 28**, **Dom Knigi**, la plus grande librairie de la ville *(p. 112)*, a pour cadre l'immeuble de la **société Singer★** (1904). Ne pouvant construire un immeuble de dix étages en raison des règlements d'urbanisme, la compagnie de machines à coudre fit couronner l'édifice d'un dôme coiffé d'un globe de verre.

J. Fuste Raga/age fotostock

Perspective Nevski.

AQUATORIUM DE PIERRE LE GRAND★

Petrovskaya Akvatoria/Петровская Акватория

Malaïa Morskaïa oul. 4/1, SC Admiral (6e ét.) - ✆ (812) 933 41 52 - peteraqua.ru/en/- tlj 10h-22h - 450 Roub. - audioguide en français 150 Roub.

À quoi ressemblait Saint-Pétersbourg au 18e s. ? Même si la question ne vous paraît pas essentielle à première vue, montez au 6e étage de l'immeuble Admiral découvrir cette **maquette** de la ville et de ses environs, déployée sur 1000 m². Mille bâtiments reproduits à l'échelle 1 : 87, 25 000 personnages, traîneaux, chevaux, carrosses, bateaux flottant sur des bassins, reconstituent la vie comme aux premiers temps de la cité. De jour, de nuit, le carton-pâte s'anime et vous apprend une foule de détails passionnants. Plus éloquente qu'une carte, cette fabuleuse maquette est une évocation féerique de la ville, que vous parcourrez désormais d'un œil avisé. Sous le dessin, le dessein. Celui, inouï, d'un tsar à l'ambition démesurée, Pierre le Grand.

PALAIS STROGANOV★

Stroganovski dvorets/ Строгановский дворец

SE LOGER

Nevsky Aster 3

SE RESTAURER

Abrikossov 2

Gogol 28

Goose Goose 32

Katyusha 21

Tsar 20

FAIRE UNE PAUSE

Café Singer 1

Stolle 5

Pychetchnaïa 9

SHOPPING

Dom Knigi 3

Gostiny Dvor 1

Magasin Elisseïev 24

Imperatorski Farfor 6

Pavlovoposadskie Platki 22

Severnaïa Lira 4

Zenit 5

SORTIR

Apotheke Bar 19

Liverpool Pub 6

Money Honey Club & Concert Hall 7

PirOGI 8

PERSPECTIVE NEVSKI
НЕВСКИЙ ПРОСПЕКТ
NEVSKI
PROSP.
Palais Anitchkov
Palais Bielosselski-Bielozerski
Anitchkov most
Magasin Elisseiev
Manejnaïa pl.
Манежная пл.
Mée de l'Art théatral et musical
Fontanka
Фонтанка
наб. р. Фонтанки
Karavannaïa oul.
Караванная ул.
Итальянская ул.
pl. Bielinskovo
Пл. Белинского
oul. Bielinskogo
ул. Белинского
Liteïny prosp.
Литейный просп.
oul. Joukovskovo
ул. Жуковского
oul. Tchekhova
ул. Чехова
Маяковского
oul. Maïakovskovo ул.
oul. Vosstaniïa
ул. Восстания
Pl. Vosstaniïa
Пл. Восстания
Ligovski prosp.
Лиговский просп.
Orlovski per.
Орловский пер.
Pl. Vosstaniïa
Moskovski vakzal
Московский вокзал
Maïakovskaïa
Маяковская
Stremiannaïa oul.
Стремянная ул.
Vladimirski prosp.
Владимирский просп.
oul. Roubinchteïna
ул. Рубинштейна
Chtcherbakov per.
Щербаков пер.
Dostoïevskaïa
Достоевская
Vladimirskaïa
Владимирская
Kolokolnaja oul.
Колоколная ул.
Kouznetsni oul.
Кузнецний ул.
oul. Dostevsk.
ул. Достевск
oul. Marata
ул. Марата
Kolomenskaïa oul.
Коломенская ул.
0 150 300 m
Neva

La Vierge miraculeuse de Kazan

La cathédrale N.-D.-de-Kazan doit son nom à une icône considérée comme protectrice de la dynastie des Romanov. La Vierge serait apparue à Kazan à Ivan le Terrible en 1579, peu après qu'il eut pris la cité aux Tatars. Dès lors, une icône la représentant fut pieusement conservée dans la ville. Transférée dans la nouvelle capitale par Pierre le Grand, elle était vénérée dans l'église antérieure à la cathédrale.
Le maréchal Koutouzov la plaça sur son cœur avant d'aller livrer bataille aux Français en 1812 et le maréchal Joukov aurait porté sur lui une reproduction de l'icône pendant la Seconde Guerre mondiale. Volée en 1904, elle réapparut lors d'une vente aux enchères aux États-Unis dans les années 1970, et fut offerte au sanctuaire de Fatima (Portugal), puis au pape Jean-Paul II en 1993. Ce dernier l'a rendue à la Russie en 2004, mais il s'est avéré que la pièce n'était qu'une copie réalisée au 18e s.

Nevski pr. 17 - ✆(812) 314 3448 - en.rusmuseum.ru/stroganov-palace/history - tlj sf mar. 10h-18h, jeu. 13h-21h - 400 Roub. - 1000 Roub. billet combiné (recommandé) pour tous les sites du musée Russe valable 3 j.

Construit en 1753 à l'angle de la Moïka par **Rastrelli** pour le richissime comte Stroganov, propriétaire des usines et des salines de l'Oural, ce palais rose et blanc est un remarquable exemple du baroque russe. La façade principale possède un abondant décor sculpté et les armes de la famille, qui a occupé le palais jusqu'en 1918, figurent sur le fronton. La décoration intérieure, également de style baroque, fut remise au goût du jour à la fin du 18e s. Les ajouts néoclassiques du palais comptent parmi les premières réalisations de l'architecte **Andreï Voronikhine**, issu d'une famille de serfs du comte Stroganov. Aujourd'hui filiale du Musée russe (*p. 44*), le palais abrite une exposition permanente de porcelaine russe.

CATHÉDRALE N.-D.-DE-KAZAN★★

Kazanski sobor/Казанский собор

Kazanskaïa pl. - ✆ (812) 314 46 63 - www.kazansky-spb.ru - tlj à partir de 7h - offices à 7h, 10h, 18h - visités guidées 11h30-18h - entrée libre.

Entre 1801 et 1811, **Voronikhine** édifia, pour le tsar Paul Ier qui voulait son « St-Pierre russe », ce monument de style classique. À l'image de la basilique romaine, l'imposante cathédrale est coiffée d'un dôme de 76 m de haut et compte 96 colonnes en hémicycle.
Dans les niches du portique donnant sur la perspective, des statues en bronze figurent Alexandre Nevski, vainqueur des Suédois en 1240 (*p. 87*) et saint André, particulièrement vénéré dans la tradition orthodoxe. La porte du portique nord est une réplique de la « porte du Paradis » (1452) conçue par Lorenzo Ghiberti pour le baptistère de Florence. L'**intérieur** est orné de 56 colonnes corinthiennes, monolithes en granit rose de Finlande, et d'une

mosaïque de marbres de Carélie au sol. Vouée à l'icône de Notre-Dame de Kazan (*encadré ci-contre*), la cathédrale devint un mémorial de la guerre contre les Français après la victoire des Russes sur les armées de Napoléon (1812). En 1932, en pleine vague de répression antireligieuse, elle fut transformée en un musée de l'Athéisme avant d'être rendue au culte au début des années 1990.

GOSTINY DVOR★

Гостиный двор

N°35 - *p. 112.* Bâtie à l'initiative des commerçants, qui redoutaient les incendies de leurs éventaires en bois, la **cour des Marchands** est une immense galerie à arcades, construite par **Rastrelli** puis **Vallin de La Mothe** (1761-1785) dans un style classique précoce. Au 19e s., les galeries du Gostiny Dvor constituaient une promenade à la mode, où plus de 200 marchands exerçaient leur activité. Dans les années 1950, après la suppression des cloisons entre les boutiques, l'ensemble fut transformé en un seul grand magasin. Le Gostiny Dvor reste aujourd'hui la plus grande galerie marchande de la ville.
Sur le côté droit du bâtiment, la **Doumskaïa oul.** est un des hauts lieux des nuits de Saint-Pétersbourg. Elle doit son nom au bâtiment de l'**ancienne Douma** (conseil municipal), construit en 1784-1787 dans un style proche de celui des galeries marchandes afin de ne pas porter ombrage aux édifices de l'aristocratie. Il fut flanqué postérieurement d'une tour pentagonale (1804) qui servait de poste d'observation pour les incendies et de sémaphore pour le télégraphe optique. L'endroit est le point de départ de nombreuses excursions (*p. 131*).

PLOCHTCHAD OSTROVSKOVO★★

Площадь Островского

La place qui porte depuis 1923 le nom du dramaturge **Alexandre Ostrovski** (1823-1886) fait partie d'un ensemble conçu par **Carlo Rossi**, champion du néoclassicisme. Au centre de la place, dans un square, trône une grande statue de **Catherine II** (1873) – la seule conservée en Russie. La tsarine, en robe d'apparat, est entourée des personnages illustres de son époque : le maréchal Souvorov, qui battit Napoléon en Italie, le prince Potemkine, vainqueur des Ottomans en Crimée, la princesse Dachkova, première femme présidente de l'Académie des sciences...
La place est bordée de plusieurs bâtiments intéressants.

Bibliothèque nationale de Russie★

Rossiskaïa natsionalnaïa biblioteka/ Российская национальная библиотека

Fondée en 1795, elle présente une façade à la colonnade majestueuse, ornée de sculptures de philosophes, orateurs et poètes de l'Antiquité. Deuxième de Russie par sa taille, la bibliothèque contient plus de 28 millions d'ouvrages, dont la **bibliothèque de Voltaire**, acquise par Catherine II en souvenir de son célèbre correspondant.

Les ponts colorés de Saint-Pétersbourg

*Dans la première moitié du 18e s., on construisit quatre ponts en bois à travers la Moïka, peints de couleurs différentes et surnommés chacun selon sa couleur. Il y eut donc le pont Bleu **(Sini most)** place St-Isaac, le pont Rouge **(Krasny most)** sur la rue Gorokhovaïa, le pont Vert **(Zeliony most)** sur la perspective Nevski et le pont Jaune **(Jelty most)** près de la place du Palais. Les deux premiers ponts ont conservé leur nom jusqu'à nos jours. Le pont Vert, plusieurs fois rebaptisé, a retrouvé depuis peu son nom d'origine. Quant au pont Jaune, il reçut le nom de **Pevtcheski most,** « pont des Chantres », à cause de la Kapella située à proximité.*

Théâtre Aleksandrinski★

Александринский театр

L'élégant bâtiment jaune et blanc qui se dessine derrière le square abrite ce théâtre, nommé en l'honneur d'**Alexandra**, l'épouse de Nicolas Ier. Construit par **Rossi** en 1830 dans le style néoclassique qui lui était cher, l'édifice possède un portique de six colonnes surmonté du char d'Apollon. Haut lieu de l'art théâtral russe, le bâtiment abrite la plus ancienne compagnie de Russie, fondée en 1756.

Musée de l'Art théâtral et musical★

Mouzeï teatralnovo i mouzykalnovo iskousstva/Музей театрального и музыкального искусства

(812) 571 21 95 - www. theatremuseum.ru - tlj sf mar. et dernier vend. du mois 11h-19h, merc. 13h-21h - 230 Roub, audioguide 200 Roub. Ce petit musée retrace 250 ans d'histoire du théâtre, du ballet et de la musique à travers des affiches, des costumes, des décors, des maquettes...

OULITSA ZODTCHEVO ROSSI★★

Улица Зодчего Росси

D'une largeur égale à la hauteur des édifices qui la bordent (22 m) et d'une longueur 10 fois supérieure (220 m), la **rue de l'Architecte-Rossi** est le symbole de la perfection du classicisme. Aménagée entre 1824 et 1834 par celui qui lui a donné son nom, elle est bordée de deux édifices identiques à colonnes blanches, dont l'un *(à gauche)* héberge depuis 1836 l'école impériale de ballet. Celle-ci porte désormais le nom de la ballerine **Agrippina Vaganova** (*p. 157*), qui y enseigna pendant trente ans.

MAGASIN ELISSEÏEV★

Магазин Елисеев

Le bâtiment au **n° 56** abrite l'épicerie fine la plus célèbre de la ville. Conçu en 1903 pour les marchands Elisseïev, propriétaires de magasins d'alimentation, maisons et auberges, l'édifice marie l'éclectisme et le Modern Style, avec son revêtement en granit et ses sculptures allégoriques représentant le Commerce, la Science, l'Art et l'Industrie. À l'intérieur, le décor Art nouveau mérite une visite, ne serait-ce que pour y prendre un café (*p. 112*).

La « rue des tolérances religieuses »

*C'est le surnom que donna Alexandre Dumas, en visite dans la ville en 1859, à la principale artère de Saint-Pétersbourg. Dès le 18e s., en effet, le secteur situé face au palais Stroganov a été réservé à la construction d'églises non orthodoxes. Aussi trouve-t-on sur la perspective Nevski : au n° 20, l'**église hollandaise** (1837) ; entre les n° 22 et 24 le **temple luthérien St-Pierre** (1838) ; au n° 32-34, l'église catholique **Ste-Catherine-d'Alexandrie** (1800 – à l'intérieur, une plaque encastrée dans le sol indique la tombe du dernier roi de Pologne, Stanislas Poniatowski) ; entre les n° 42 et 44, l'**église arménienne Ste-Catherine** (1780), tout en bleu et blanc.*

PALAIS ANITCHKOV★

Anitchkov dvorets/Аничков дворец

N° 39 - ✆ (812) 310 93 80 - www.anichkov.ru - visite guidée sur réserv., accompagné d'un interprète franco-russe (4500 Roub.).

Cet imposant édifice fut élevé à partir de 1744 pour l'impératrice Élisabeth, laquelle l'offrirait plus tard à Alexis Razoumovski, son époux morganatique. En 1818, le domaine fut agrandi par **Rossi**. Au milieu du 19e s., ce fut la résidence de l'héritier du trône, le futur Alexandre III, qui le préféra au palais d'Hiver. Après la Révolution, l'endroit devint le palais des Pionniers et il continue d'accueillir des activités pour les enfants. Comme le pont voisin, il porte le nom du lieutenant-colonel qui dirigea la construction du premier pont en bois commandé par Pierre Ier.

ANITCHKOV MOST★★

Аничков мост

L'ouvrage est connu pour les magnifiques sculptures de **Piotr Klodt** (1850), représentant les phases du dressage d'un cheval sauvage, allégorie du triomphe de l'homme sur la nature.

PALAIS BIELOSSELSKI-BIELOZERSKI★★

Dvorets Bielosselskikh-Bielozerskikh/Дворец Белосельских-Белозерских

N° 41 - ✆(812) 315 52 36 - tlj 11h-19h - visite sur réserv., accompagné d'un interprète franco-russe - 3000 Roub.

Ce somptueux palais néobaroque (1848) frappe par la couleur rose et l'abondante décoration sculptée de ses façades, où se déploient de puissants atlantes. Après la Révolution, cette résidence fut le siège local du Parti communiste. Elle abrite aujourd'hui un centre culturel où ont lieu des concerts de musique classique *(programme à l'intérieur)*.

APRAXINE DVOR

Апраксин двор

Sadovaïa oul./Lomonossova oul. - tlj sf lun. 9h-18h. Ce marché construit dans les années 1860 est un véritable labyrinthe d'arcades, de cours et d'arrière-cours. L'ambiance évoque celle d'un bazar. À voir, d'autant plus que l'endroit, en plein travaux, est destiné à devenir, un luxueux centre commercial.

Place des Arts★★★

Plochtchad Iskousstv/Площадь Искусств

Trois théâtres et trois musées bordent cette large place arborée, dessinée au début du 19e s. par Carlo Rossi. Elle est cernée par les superbes façades des édifices classicisants dont les tons jaunes forment un ensemble harmonieux autour de la statue de Pouchkine. Juché sur son socle, le poète invite le promeneur à élever son esprit du geste de la main. La place des Arts, en effet, n'usurpe pas son nom ; elle commande en outre un quartier animé.

▶**Accès :** Ⓜ Nevski Prospekt (ligne 2)

Plan de quartier** **p. 18-20**. **Plan détachable EF5.

▶**Conseil :** Comptez une journée entière pour profiter des monuments et de l'atmosphère paisible du quartier.

Bon à savoir – Si vous désirez visiter les musées, évitez les lundi et mardi.

GRAND HÔTEL EUROPE★

Gostinitsa Evropeïskaïa/Гостиница Европейская

À l'angle de la perspective Nevski et de la rue Mikhaïlovskaïa, cet édifice, orné de puissants atlantes (1824), abrite un hôtel considéré de longue date comme l'un des meilleurs de la ville. Le décor Art nouveau conçu par **Lidval** en 1910 ajouta à la splendeur de l'endroit. Tour à tour résidence pour employés soviétiques, foyer pour enfants sans abri et hôpital pendant la Seconde Guerre mondiale, le palace a retrouvé son allure dans les années 1990.

Ne manquez pas d'y prendre un verre ou de dîner au **Caviar Bar** *(p. 102)*.

PHILHARMONIE CHOSTAKOVITCH★

Filarmonia imeni Chostakovitcha/Филармония имени Шостаковича

Mikhaïlovskaïa oul. 2 – p. 117.

Face à l'hôtel Europe, cette salle de concerts renommée occupe le bâtiment de l'ancien hôtel de la Noblesse (1838). Les grands musiciens russes et étrangers d'hier et d'aujourd'hui s'y sont produits. Une page célèbre de l'histoire de la musique s'est écrite ici le 9 août 1942, date à laquelle Hitler avait fixé la prise de la ville assiégée depuis un an, lorsque l'orchestre de la Philharmonie interpréta la *Septième Symphonie*, dite *« Leningrad »*, de **D. Chostakovitch**. L'œuvre fut retransmise en direct par toutes les radios du pays et entendue comme un hymne à la résistance.

Un coin moscovite à Saint-Pétersbourg : l'église du Sauveur-sur-le-Sang-Versé.
Vladislav Zolotov/iStock

MUSÉE-APPARTEMENT BRODSKI★

Mouzeï-kvartira Brodskovo/Музей-квартира Бродского

Pl. Iskousstv 3 - ✆ (812) 314 36 58 - artsacademymuseum.org/en/kontakty - merc.-dim. 12h-19h, jeu. et ven. 14h-21h - 300 Roub.

Élève doué de Repine (*p. 46 et 80*), **Isaac Brodski** (1884-1939) vécut et travailla dans cet appartement plein de charme de 1924 à 1939. Dans les différentes pièces, garnies de meubles et de souvenirs de l'artiste, sont exposées des œuvres secondaires de grands maîtres russes – Levitan, Repine, Korovine, Koustodiev, etc. –, rassemblées pour la plupart par Brodski. On découvre dans son atelier des œuvres de jeunesse et celles de la maturité qui célèbrent la Révolution *(Lénine à Smolny, L'Intervention de Lénine au meeting des ouvriers à l'usine Poutilov)* devenues des classiques de l'iconographie soviétique.

PALAIS MICHEL-MUSÉE RUSSE★★★

Mikhaïlovski dvorets/Михайловскийт дворец

Injenernaïa oul. 4. p. 57 pour la description du musée.

Le palais fut construit entre 1818 et 1825 par **Carlo Rossi** pour un fils de Paul Ier, le grand-duc Michel, frère du tsar Alexandre Ier. Sa grande façade néoclassique à fronton orné et colonnade corinthienne diffuse sa douceur sur la place des Arts. En 1898, Alexandre III, désireux de créer à Saint-Pétersbourg l'équivalent de la galerie Tretiakov de Moscou – musée d'art russe fondé en 1856 –, y installa sa collection personnelle, bientôt enrichie de nombreux dons. Le **musée Russe** occupe aujourd'hui plus de 130 salles du palais, ainsi que l'aile Rossi et l'aile Benois, ajoutée au début du 20e s., du côté du canal Griboïedov.

MUSÉE ETHNOGRAPHIQUE DE RUSSIE★★

Rossiiski etnografitcheski mouzeï/Российский этнографический музей

Injenernaïa oul. 4/1 - ✆ 812) 570 5320 - www.ethnomuseum.ru - 10h-18h (20h mar.), dim. 11h-19h - fermé lun. et dernier vend. du mois - 300 Roub., salle du Trésor + 150 Roub. Les expositions temporaires modifient l'organisation des salles.

Voici une belle occasion de découvrir l'incroyable diversité de l'ancien Empire russe et soviétique, vaste territoire qui s'étendait de la Baltique aux confins de la Mandchourie, des régions polaires aux rivages de la mer Noire, et comprenait quelque 150 ethnies.

À l'entrée, la grande salle en marbre rose de Carélie est particulièrement somptueuse avec ses hautes colonnes, son plafond en cristal et sa frise figurant les populations de la Russie. Plusieurs suites de galeries présentent sur deux niveaux les différents peuples, remarquablement mis en scène dans leur habitat traditionnel, leurs costumes, leurs traditions, à travers des objets de la vie quotidienne, des jouets,

du mobilier et autres. Plusieurs salles sont consacrées à la Russie ancienne.
La **salle du Trésor** *(visite guidée uniquement)* abrite les pièces les plus précieuses, en particulier d'orfèvrerie.

ÉGLISE DU SAUVEUR-SUR-LE-SANG-VERSÉ★★

Khram Spassa na krovi/Храм Спаса на крови

Nab. kan. Griboïedova 2b, accès par la porte nord (contourner l'église) - ✆ (812) 315 1636 - www.cathedral.ru - tlj sf merc. 10h30-18h (22h30 de mai à sept.) - les billets pour les étrangers s'achètent à l'extérieur, à gauche de l'entrée - 350 Roub. - audioguide en français 200 Roub.
Appelé aussi église de la Résurrection-du-Christ, cet édifice (1883-1907) est un des plus beaux exemples du **style néorusse** à Saint-Pétersbourg. Avec ses coupoles torsadées et ses *kokochniki* (corniches chantournées), il s'inspire manifestement de la cathédrale de Basile-le-Bienheureux de Moscou. Sa construction est liée à un événement tragique : l'assassinat du tsar **Alexandre II** en 1881 (*p. 148*). Son fils, Alexandre III, voulut que l'église fût construite sur les lieux de l'attentat, et les architectes durent procéder au rétrécissement du canal voisin afin de pouvoir élever l'autel à l'endroit exact où le tsar avait été tué. À l'extérieur, sur les plaques visibles en bas de l'édifice, sont gravés les événements mémorables du règne du souverain défunt. Les 144 blasons en mosaïque dans les niches du clocher représentent les villes et les provinces russes qui firent des dons pour la construction de l'édifice.
L'intérieur est un festival de couleurs et de matériaux : plus de vingt pierres différentes ont été utilisées pour créer les **7000 m^2 de mosaïques** qui couvrent les parois de l'église du sol aux voûtes. Un baldaquin aux colonnes de jaspe marque l'endroit où l'empereur fut mortellement blessé ; une portion du pavement du quai et un morceau de la balustrade du canal, imprégnés de son sang, y sont conservés.
Fermée en 1930, l'église a rouvert au public 'en 1997, après une campagne de restauration de trente ans.

CHÂTEAU MICHEL★

Mikhaïlovski zamok/ Михайловскийт Замок

Sadovaïa oul. 2 - ✆ (812) 570 5112/595 4248 - en.rusmuseum.ru/mikhailovsky-castle/info/ - tlj. sauf mar. 10h-18h, jeu. 13h-21h - 500 Roub. - 1000 Roub. billet combiné (recommandé) pour tous les sites du musée Russe valable 3 j.
Géré par le musée Russe, ce mystérieux édifice aux façades toutes différentes fut construit en 1797-1801 pour Paul Ier. Obsédé par l'idée de complot, il avait choisi de vivre dans une forteresse entourée de douves, truffée de cachettes et de passages secrets. Ces précautions n'empêchèrent pas le souverain d'être assassiné dans son château même, où il ne vécut que quarante jours. Après sa mort, la demeure, abandonnée

par la famille impériale, fut acquise en 1823 par l'école du Génie militaire (d'où son autre nom de **château des Ingénieurs**), dont Dostoïevski fut l'étudiant le plus célèbre *(p. 60)*. Le château accueille des expositions temporaires, occasion d'admirer l'escalier d'apparat, où figurent les armoiries de Russie, et la statue de Paul Ier dans la cour.

PALAIS CHEREMETIEV★★

Cheremetievski dvorets/ Шереметевский дворец

Nab. reki Fontanki 34.
Ce magnifique palais construit en 1750 fut la résidence de la richissime famille Cheremetiev jusqu'à la Révolution. Le palais de ces amateurs

de musique et mécènes, qui possédaient près de 200 000 serfs, fut un des centres de la vie musicale de Saint-Pétersbourg. La Kapella des Cheremetiev fut hautement appréciée par les compositeurs de l'époque.

Musée de la Musique★

Mouzeï mouziki/Музей музыки
Entrée dans l'aile droite - (812) 272 44 41 - www.theatremuseum.ru - tlj sf mar. 11h-19h, merc. 13h-21h - 300 Roub. L'endroit conserve quelque **3 000 instruments** venus du monde entier : tam-tams africains, gongs indonésiens, cors mongols en forme de serpent, instruments orientaux incrustés de nacre, premiers pianos carrés évoquant des tables de bureau, mais aussi instruments typiquement russes comme le *gousli* (sorte de lyre). La visite permet par ailleurs d'admirer les salles restaurées du palais.
Le **Salon blanc**, orné de portraits de compositeurs russes, renferme une collection de pianos dont certains ont appartenu à **Mikhaïl Glinka** ou **Anton Rubinstein**.
Le **Salon jaune** expose une belle collection de violons dont un authentique Amati (1681), un Stradivarius et même un violon en carapace de tortue !
Des concerts ont lieu dans les salons *(rens. à la caisse)*.

MUSÉE FABERGÉ★★

Mouzeï Fabergé/Музей Фаберже

Nab. reki Fontanki 21 - (812) 333 26 55 - fabergemuseum.ru - 10h-21h - fermé vend. - 450 Roub. - audioguide 250 Roub.
Montrer au public une collection d'objets relevant du patrimoine culturel russe, dans un palais somptueux et restauré avec luxe. Tel est le pari réussi de l'oligarque **Viktor Vekselberg**, qui présente dans le magnifique palais Chouvalov plusieurs centaines d'objets créés par le joaillier **Carl Fabergé** (1846-1920) et par d'autres orfèvres russes. Il créa l'événement en 2004, lorsqu'il proposa à Sotheby's d'acheter de gré à gré pour 100 millions de dollars neuf **œufs de Fabergé**★★ que la maison de vente s'apprêtait à mettre aux enchères. Offerts par le tsar Alexandre III puis par son fils Nicolas II aux impératrices Maria Feodorovna et Alexandra Feodorovna, on dénombre 54 œufs réalisés par la maison. Généralement en or émaillé, ils renferment des

« surprises », qui elles-mêmes contiennent parfois d'autres surprises. Miniaturisés à l'extrême, carrosse, bateau en or et pierreries se cachent au sein de ces trésors d'orfèvrerie. Les vitrines joliment arrangées exposent les pièces de Fabergé par coloris et techniques d'émaux. Étuis à cigarettes, boutons de manchette, poudriers, pendulettes et autres objets du quotidien (des très riches !) rivalisent d'invention. Dans la salle beige, un ensemble unique d'objets de dévotion en argent présente le goût russe de l'époque.

MUSÉE-APPARTMENT AKHMATOVA★★

Mouzeï-kvartira Akhmatovoï/ Музей-квартира Ахматовой

Liteïny pr. 53, au fond du jardin, à gauche - ✆ (812) 272 22 11 - www.akhmatova.spb.ru - 10h30-18h30, merc. 12h-20h - fermé lun. et dernier vend. du mois - 200 Roub.

C'est dans l'aile sud du palais Cheremetiev, transformée en appartements au début du 20e s., que vécut la grande poétesse **Anna Akhmatova** (1889-1966), de 1924 à 1952, dans l'un des appartements communautaires du 3e niveau. Elle y écrivit la plupart de ses œuvres, dont son célèbre *Requiem*. Muse et martyre de Saint-Pétersbourg, cette femme au courage exceptionnel vit son premier mari, le poète Nikolaï Goumilev, fusillé par les bolcheviks, leur fils arrêté plusieurs fois, son troisième mari, le critique d'art Nikolaï Pounine, mourir dans un camp. Quant à ses œuvres, interdites

Felix Lipov/Shutterstock.com

Une des créations de Carl Fabergé.

de publication, elles n'ont survécu que parce qu'elle et ses amis les apprenaient par cœur.
Le parcours, bien aménagé, évoque différentes périodes de sa vie et de son œuvre. Parmi les témoignages les plus émouvants, une lettre d'Akhmatova à Staline où elle demande la libération de son fils, et ses poèmes écrits sur des feuilles d'écorce de bouleau par une ancienne prisonnière du goulag.
Dans le même bâtiment a été reconstitué le bureau de **Joseph Brodsky** (1940-1996) au Mount Holyoke College (South Hadley, É.-U.). Les premiers pas du poète russe exilé, prix Nobel de littérature, ont été encouragés et influencés par Akhmatova.

Musée Russe★★★

Rousski Mouzeï/Русский музей

Autant l'Ermitage affiche les splendeurs d'une grande capitale européenne, autant ce musée invite à découvrir l'âme russe. Installé dans l'élégant palais Michel, ce musée possède l'une des plus riches collections d'art russe du pays : exceptionnel fonds d'icônes, trésors de la peinture, de la sculpture et de l'art populaire. Des images religieuses aux toiles suprématistes de Malevitch, le musée Russe retrace l'histoire d'une fascinante nation.

▶**Accès :** Injenernaïa oulitsa 4/2 - Ⓜ Nevski Prospekt ou Gostiny Dvor. Entrée au fond de la cour à droite (caisses à gauche de l'entrée).
▶**Informations :** *✆ (812) 595 42 48 - en.rusmuseum.ru - tlj sf mar. 10h-18h, jeu. 13h-21h - 500 Roub. - billet combiné avec les annexes, valable 3 j (recommandé) : 1000 Roub. - visites guidées sur demande préalable, réserv. 10 j à l'avance au ✆ (812) 314 34 48 - plan du musée à la caisse. Cafétéria au sous-sol.*
Plan détachable EF5.
▶**Conseil :** Le musée Russe s'étend sur plusieurs lieux. Pour une première visite, nous vous suggérons de vous munir de l'audioguide en français *(300 Roub. + pièce d'identité).*

Description du palais Michel p. 40.

Après avoir visité la galerie Tretiakov à Moscou, le tsar Alexandre III (1845-1894) prit conscience de la nécessité de créer un équivalent de ce musée à Saint-Pétersbourg. C'est ainsi que naquit le Musée russe, inauguré le 7 mars 1898 sous le règne de Nicolas II. Si vous avez visité la Galerie Tretiakov, vous serez frappés par les « doublons » de plusieurs tableaux moscovites : il s'agit de copies d'auteur réalisées par les peintres mêmes, parfois spécifiquement pour le musée Russe, afin de le doter d'une collection autant riche et complète que celle de Moscou.
Le musée occupe trois bâtiments reliés par des galeries : le palais Michel (Mikhaïlovski dvorets), l'aile Rossi (Flighel Rossi) et l'aile Benois (Korpous Benois). Les collections sont disposées dans l'ordre chronologique. La visite commence au 1er étage, se prolonge au rez-de-chaussée, avec le passage dans l'aile Rossi et se termine au 1er étage de l'aile Benois.

ICÔNES★★★

1er étage - salles 1-4. Voir aussi encadré ci- contre. Les premières salles sont consacrées aux icônes. Rappelons qu'entre la conversion de la Russie au christianisme byzantin (10e s.) et le 17e s., l'art est d'abord et seulement sacré. Le musée offre un bel aperçu des différentes écoles russes, telles celles de Novgorod, Pskov ou Moscou. Parmi les œuvres les plus anciennes conservées au musée *(salle 1)*, *L'Ange*

L'art des icônes

Venue de Byzance, l'icône russe s'établit entre le 12e et le 17e s., époque où elle s'industrialise. Les premiers peintres russes sont des moines itinérants, les œuvres ne sont pas signées, et rares sont les artistes identifiés comme ***Andreï Roublev*** *(1360-1430), le plus illustre représentant de* ***l'école de Moscou,*** *ou encore* ***Simon Ouchakov*** *(1626-1686). L'icône invoque une méditation, elle se conçoit dans la prière, le silence et le jeûne. Le peintre se plie aux règles d'un canon auquel il doit être le plus fidèle possible pour approcher l'image source censée représenter scrupuleusement le personnage réel. Plus l'image s'inspire du canon, plus l'icône se rapproche du sacré.*
L'école de Novgorod *se distingue par la simplicité du dessin et l'intensité des couleurs (prédominance des rouges et des ors), rompues par des blancs lumineux et des motifs géométriques noirs tranchés. Les icônes de* ***Pskov*** *se caractérisent par une gamme austère de couleurs sombres et l'expression inquiète des visages allongés.*

aux cheveux d'or (12e s.), encore très byzantine, frappe par sa beauté et la douceur qui s'en dégage. *Saint Boris et saint Gleb* (Moscou, milieu du 14e s.) est sans doute l'icône médiévale la plus impressionnante : monumentale, peinte de couleurs vives, elle frappe par l'harmonie des proportions et la délicatesse des visages. Dans la salle 2, *Saint Georges terrassant le dragon,* du 15e s., est un bel exemple de l'école de Novgorod. Dans la salle 3, ne manquez pas *L'Apôtre Pierre* et *L'Apôtre Paul* d'**Andreï Roublev**. Peintes en 1408 pour la cathédrale de la Dormition de Vladimir, mesurant plus de 3 m, elles étaient destinées à être placées en hauteur. Aussi le peintre a-t-il délaissé les détails pour se concentrer sur les contours nets et les couleurs contrastant avec le fond, autrefois doré. Dans les œuvres, plus tardives (17e s.), de **Simon Ouchakov** (*Trinité, Vierge de tendresse de Vladimir*), on discerne l'influence occidentale : la représentation des personnages se rapproche du portrait, le réalisme se renforce, on distingue les premiers essais pour élaborer une perspective *(salle 4).*

18e s. : L'ART DU PORTRAIT★★

1er étage - salles 5-10 et 12.
Considérées comme des arts d'illusion, détournant l'homme de la contemplation, la peinture profane et la sculpture étaient proscrites par l'Église orthodoxe. À l'époque de Pierre le Grand, les choses changent. La culture russe s'ouvre sur l'Europe, le tsar envoie de jeunes artistes étudier à l'étranger. **Andreï Matveïev**, *(Portrait du peintre avec sa femme),* et **Ivan Nikitine** *(Pierre Ier sur son lit de mort)* traduisent une nette influence des maîtres hollandais. De nombreuses représentations des souverains russes sont exécutées dans cette période. Le portrait devient très rapidement le genre majeur en Russie. L'un des meilleurs représentants en est **Fiodor Rokotov**, auteur des portraits féminins les plus poétiques du 18e s. **Dimitri Levitski**

nous enchante avec les portraits des *Demoiselles de l'Institut Smolny*, exécutés sur commande de la Grande Catherine *(salle 10)*. La statue de *Catherine II en législatrice*, qui se trouve dans cette même salle, est due au sculpteur **Fedor Choubine**.
La **salle aux Colonnes Blanches** *(salle 11)* est l'unique salle d'apparat du palais à avoir conservé son décor néoclassique d'origine dû à **Carlo Rossi**, qui créa également l'ensemble de meubles bleu et or de style Empire. Les peintures du plafond représentant les Muses rappellent qu'on y organisait des soirées musicales où se produisirent notamment Anton Rubinstein, Franz Liszt, ou Hector Berlioz.

1re MOITIÉ DU 19e s.★★

1er étage - salles 13-17.
Le 19e s. s'ouvre avec la guerre contre les armées napoléoniennes, moment fort de la prise de conscience nationale, dans toutes les couches de la société. L'importance nouvelle que prend l'idée de « vie intérieure » sous-tend le mouvement romantique. Les peintres s'intéressent de plus en plus à la vie quotidienne et aux représentants du « menu peuple ». Loin de créer de simples scènes de genre, ils cherchent à en révéler le contexte social. Ainsi **Pavel Fedotov** exprime avec humour les travers de la société russe dans ses tableaux *(Le colonel fait sa demande - salle 13)*. Très connu pour *Le Dernier Jour de Pompéi*, qui reçoit le grand prix au Salon de Paris de 1834, **Karl Brioullov** *(salle 14)* produit aussi de nombreux tableaux mettant en scène le caractère théâtral de la vie en société et l'intimité des protagonistes, dont l'émotion est souvent palpable. Grand peintre de la mer, **Ivan Aïvazovski** est présent avec de nombreuses marines, dont l'impressionnante *Neuvième Vague*, un des ses chefs-d'œuvre. **Oreste Kiprenski** est l'un des premiers représentants du romantisme. Son superbe *Portrait d'Evgraf Davydov (salle 17)* est ainsi le symbole de toute la génération qui participa à la campagne contre Napoléon.

2e MOITIÉ DU 19e S.★★★

Rdc - salles 18-48 et 54.
En dépit de ces changements, l'Académie des beaux-arts continue d'orienter ses élèves sur les sujets tirés de la mythologie et de la Bible. Le désaccord des élèves avec ces canons aboutit à la naissance du mouvement des **Ambulants★★★** *(p. 80)*, mené notamment par **Ivan Kramskoï** *(salle 19)*, qui brosse le portrait d'artistes et de simples gens, comme celui de *Mina Moïsseïev*, célèbre conteur populaire russe. Cette époque est marquée aussi par l'évolution du paysage. La campagne russe fait son entrée dans la peinture avec **Alexeï Savrassov**, peintre d'inspiration lyrique *(salle 24)*. **Nikolaï Gay** introduit l'histoire russe dans la peinture avec *Pierre Ier interroge le tsarévitch Alexis à Peterhof*.
L'œuvre d'**Ilia Repine** embrasse tous les genres et les thèmes. Artiste de génie, il est l'un des plus illustres

P. Deloche/Godong/Photononstop

La file d'attente de Saint-Pétersbourg (1986), Alexi Sundukov.

peintres de la réalité russe, dont il sut révéler les contradictions et les conflits, la richesse et la misère, la beauté et la laideur *(Les Haleurs de la Volga).*

À la suite de Savrassov, certains Ambulants s'attachent à révéler la beauté de la nature russe. Dans la *Nuit de la pleine lune sur le Dniepr*, **Arkhip Kouïndji** évoque merveilleusement l'atmosphère de la nuit ukrainienne, grâce à de subtils effets de lumière.

S'il a souvent représenté les gens ordinaires dans leur vie quotidienne, **Vassili Sourikov** est surtout connu pour les grandes scènes historiques du passé national, dont il s'est fait une spécialité *(La Conquête de la Sibérie par Ermak, Le Passage des Alpes par Souvorov en 1799).* **Viktor Vasnetsov** trouve son inspiration dans les contes et les *bylines* russes, comme dans son célèbre *Preux à la croisée des chemins*, inspiré d'une légende populaire.

Le paysage trouve son apogée avec **Isaac Levitan**, dont les recherches aboutissent à une technique proche de celle des impressionnistes *(Le Lac).*

Le Monde de l'art, courant initié par Alexandre Benois et Serge de Diaghilev *(p. 157)*, rejette le réalisme et le nationalisme des Ambulants, auxquels ils opposent l'« art pur » et l'ouverture au monde occidental. Les membres de ce courant excellent surtout dans l'illustration de livres

ou la création de décors de théâtre, ce qui influence sensiblement leur style. Ainsi, *Terror antiquus* de **Léon Bakst** ressemble à un énorme rideau, *Hiver. Patinoire* de **Konstantin Somov** rappelle un décor de théâtre, le *Portrait de Fiodor Chaliapine en Boris Godounov* d'**Alexandre Golovine** évoque une esquisse de costume.
On verra ensuite les toiles lyriques pénétrées de tristesse de **Viktor Borissov-Moussatov**, l'un des chefs du groupe **La Rose bleue**, proche du symbolisme *(Autoportrait de l'artiste avec sa sœur, Au bord de l'étang, Printemps*).

ART POPULAIRE★★

Aile Rossi - rdc. Cette section présente une collection d'objets classés par genres : le travail du bois, de l'os, du fer, la fabrication de la céramique, de la porcelaine, des tissus, de l'émail, etc.

L'ART DU 20e s.★★★

Aile Benois - 1er étage - salles 66-85. Suivez bien les indications pour atteindre l'aile Benois, à laquelle on accède par un corridor suivi d'un escalier.
Le début du 20e s. est une période d'intenses recherches artistiques d'où les sensibilités et les expressions artistiques les plus modernes émergent. Telle la peinture symboliste de **Mikhaïl Vroubel** et sa technique dite « cristallique » qui tend à rapprocher le dessin de la sculpture. En témoigne la force expressive du cycle sur le démon *(Démon volant)* où le peintre évoque, par le biais d'une forme d'exotisme, les tensions entre monde réel et monde surnaturel.
Le dynamisme de la scène russe au début du 20e s. s'exprime également à travers les tableaux du **Valet de carreau**, inspiré par Cézanne et le cubisme (Larionov, Gontcharova...).
De nombreuses toiles permettent de suivre l'évolution du fondateur de l'art abstrait, **Vassili Kandinsky**, depuis l'expressionnisme jusqu'à l'abstraction (par exemple, *Crépuscule*, entre figuration et abstraction). De même, l'œuvre du fondateur du suprématisme, **Kazimir Malevitch**, bien documentée, permet d'apprécier la richesse de son parcours, de l'impressionnisme au suprématisme *(La Cavalerie rouge)*.
Moins connu du public occidental, **Pavel Filonov**, mort de faim pendant le siège de Leningrad, déploie un art dit « analytique ». Visant à représenter les choses de l'intérieur, il crée des toiles foisonnantes, qui suscitent l'incompréhension (il fallut attendre les années 1990 pour que son art soit réhabilité).
À côté de quelques œuvres emblématiques du réalisme socialiste, les dernières salles donnent un aperçu de la culture *underground* à partir des années 1960.
Au rez-de-chaussée, l'Aile Benois accueille les expositions temporaires.

Amirauté★★

Admiralteïstvo/Адмиралтейство

Ce quartier paisible invite à une promenade agréable où tout concourt au plaisir des yeux. Flânez le long de ses rues bordées d'hôtels particuliers, montez sur la colonnade de la cathédrale St-Isaac pour prendre la mesure de la ville, traquez à l'occasion les traces de l'Histoire...

▶**Accès :** Ⓜ Admiralteïskaïa (ligne 5) ou Nevski Prospekt (ligne 2)

Plan de quartier p. 52-53. Plan détachable D5.

▶**Conseil :** Ne manquez pas de monter à la colonnade de la cathédrale St-Isaac, qui offre un magnifique panorama sur la ville *(la visite peut se faire en nocturne de mai à octobre)*. Avant ou après l'ascension, traversez la place pour rejoindre l'hôtel Astoria, dont vous pourrez, le temps d'un thé roboratif et délicieux *(→ p. 108)*, apprécier l'atmosphère luxueusement confortable et le caractère historique.

AMIRAUTÉ★★

Admiralteïstvo/Адмиралтейство

Ne se visite pas.

L'Amirauté était à l'origine un chantier naval, où Pierre le Grand entendait faire construire sa flotte de guerre. Point de convergence du **trident**, formé par les perspectives Nevski et Voznessenski et par la rue Gorokhovaïa, elle constitue le centre du plan d'urbanisme de la rive gauche de la Neva. Réalisés d'abord en bois en 1711, les bâtiments du chantier furent, au milieu du 18e s., remplacés par ceux de l'administration navale. L'édifice fut ensuite remanié en 1823 dans le goût néoclassique, mais la **flèche dorée**, terminée par une caravelle en laiton, emblème de la ville, fut conservée. Aujourd'hui, l'Amirauté est le siège de l'École supérieure de la Marine. Du côté de la Neva, le bâtiment se termine par deux pavillons symétriques dont les portails sont ornés de sculptures allégoriques évoquant les éléments et les saisons, ainsi que la création de la Marine russe (Neptune remet à Pierre le Grand le trident, symbole de son pouvoir).

PLOCHTCHAD DEKABRISTOV★★

Площадь Декабристов

Dotée d'une superbe vue sur l'île Vassilievski, la **place des Décembristes** est entrée dans l'histoire lors du soulèvement des décembristes *(→ encadré p. 51)*. À l'ouest s'élèvent deux majestueux bâtiments blanc et jaune reliés par une grande arche (1834). C'est là que siégeaient, avant la révolution de 1917, le **synode**, organe supérieur de l'administration de l'Église orthodoxe, et le **Sénat**. Le groupe sculpté qui couronne l'attique représente la Justice et la Piété et symbolise l'unité

VitalyEdush/iStock

Le Cavalier de bronze, chef-d'oeuvre d'Étienne Falconet.

des pouvoirs spirituel et temporel. Ces bâtiments abritent aujourd'hui les Archives historiques.

CAVALIER DE BRONZE★★

Miedny vsadnik/Медный всадник

Sur les conseils de Diderot, Catherine II confia à **Étienne Maurice Falconet** (1716-1791) la réalisation du monument par lequel elle voulait rendre hommage au fondateur de la ville. Choisissant de ne pas s'embarrasser d'une symbolique chargée, l'artiste prit pour modèle un général à la stature imposante, dont il observa les mouvements à cheval, que le malheureux dut répéter des centaines de fois. Ainsi, l'homme et son cheval cabré reposent tout simplement sur un socle de granit. Ce dernier fut taillé dans un bloc pesant plus de 1600 t, trouvé près du golfe de Finlande et acheminé par 400 hommes, qui se relayèrent pendant plus de neuf mois pour le tracter vers le site. **Catherine II** inaugura le monument en 1782, pour le 20e anniversaire de son règne. Elle y fit graver ces mots : « À Pierre premier, Catherine seconde », assumant sobrement l'héritage du tsar.

ISAAKIEVSKAÏA PLOCHTCHAD★★

Исаакиевская площадь

La **place St-Isaac** est une immense esplanade dominée par la cathédrale

Le complot des décembristes

Le 14 décembre 1825, ceux que l'on appelle aujourd'hui les « décembristes » débouchèrent sur la place du Sénat, à la tête de régiments aux étendards déployés. Pénétrés d'idées libérales, ces officiers et aristocrates, membres de sociétés secrètes, avaient pour objectif d'abolir le servage et d'introduire un régime constitutionnel. Profitant de l'interrègne, après la mort d'Alexandre Ier, ils réussirent à soulever une partie des troupes. Sévèrement réprimée par Nicolas Ier, connu pour ses idées absolutistes, la révolte se solda par l'exécution de ses chefs et la déportation en Sibérie de plusieurs dizaines d'officiers.

qui lui a donné son nom. À l'ouest, au **n° 9**, se trouve la plus ancienne construction de la place, la **maison Miatlev** (1760), dans laquelle Diderot aurait séjourné dans les années 1770. Au sud, elle est délimitée par le **palais Mariinski** (1844), siège du conseil municipal de Saint-Pétersbourg, devant lequel se dresse le monument équestre de **Nicolas Ier★** (1859), réalisé par le sculpteur Klodt (*p. 37*). Le côté est est fermé par l'**hôtel Astoria★** (1911). Considéré comme l'un des meilleurs hôtels de la ville dès son ouverture, le palace Art nouveau fut le fief du NKVD (prédécesseur du KGB) avant d'être transformé en hôpital pendant la Seconde Guerre mondiale. Son annexe, l'**hôtel Angleterre**, est tristement célèbre pour avoir vu se suicider le poète Sergueï Essenine (1895-1925).

CATHÉDRALE ST-ISAAC★★

Isaakievski sobor/Исаакиевский собор

www.cathedral.ru - ✆ (812) 315 97 32 - ouv. tlj sf merc. 10h30-18h (22h30 de mai à sept.) - 350 Roub. - réserv. possible par Internet - audioguide en français 200 Roub. - caisse près de la façade est et entrée par la porte sud. La colonnade est ouverte tous les jours (fermée le 3e merc. du mois entre nov. et avr.) ; elle est accessible jusqu'à 4h30 pendant les Nuits blanches.

Dès 1710, une petite église, inaugurée le 30 mai, date de l'anniversaire de Pierre le Grand et jour de la St-Isaac, se dressait à cet emplacement. L'édifice actuel, construit entre 1819 et 1858 par **Auguste de Montferrand**, en est la quatrième version. Conçue selon un plan en croix grecque, supportant cinq coupoles, cette cathédrale de 4 000 m^2, pouvant contenir plus de 10 000 personnes, est la troisième plus vaste d'Europe, après St-Pierre de Rome et St-Paul de Londres. L'architecte dut résoudre des problèmes techniques, notamment la stabilisation du terrain par la pose de 24 000 pilotis de bois, et, pour construire la coupole principale (22 m de diamètre), il étudia les moyens mis en œuvre par Christopher Wren pour St-Paul.

L'impressionnante silhouette est ponctuée de 350 statues et reliefs, dont ceux du fronton ouest, qui figurent saint Isaac de Dalmatie bénissant l'empereur byzantin Théodose et son épouse, sous les traits d'Alexandre Ier et de

SE LOGER
Casa Leto 12
Comfort 11
Katioucha 10
SE RESTAURER
Butilka 16
CoCoCo 23
Dom 17
Kuznya House 8
L'Idiot 25
Mansarda 1
Rousskaia Rioumotchnaia no. 1 27
Tieplo 11
FAIRE UNE PAUSE
HI SO Terrace 19
Rotonda Lounge 6
Sicaffè 17
SHOPPING
Au Pont Rouge 23
Matrioshka Concept Store 15
Northway 16
SORTIR
Palais Nikolaïevski 18
AMIRAUTÉ
АДМИРАЛТЕЙСТВО
0 100 200 m
Universitetskaja nab.
Большая Нева
Cavalier de bronze
Sénat et Synode
Maison Laval
Isaakievskaä pl.
pl. Trezzini
пл. Трезини
nab. Leïtenanta Chmidta
наб. Лейтенанта Шмидта
most Leïtenanta Chmidta
Мост Лейтенанта Шмидта
BALCHAÏA NEVA
VASILEVSKI OSTROV
boul.
MANÈGE DE LA GARDE MONTÉE
Галерная ул.
Galernaïa oul.
Konnogvardeïski
Якубовича
Potchtamtski per.
Poste Principale
Главпочтамт
Palais Nikolaïevski
Angliskaïa Nab.
pl. Trouda
пл. Труда
oul. Iakoubovitcha
Konnogvardeïski
ул.
Potchtamtskaïa
Morskaïa
Musée central de la Marine de guerre
per.
кан.
kan.
Адмиралтейского
наб.
Admiralteïskovo
nab.
Novelle-Hollande
Bouteille
Forge
MAISON DU COMMANDANT
nab. Krioukova kanala
ul. Trouda
ул. Труда
наб. реки
Bolchaïa
nab. reki Moïki
Pratchetchny
per. Pirogova per.
Palais Youssoupov
Мойка
Moïka
наб. реки Мойки
Potselouïev most
Dekabristov oul.
Neva
KAZANSKI OSTROV

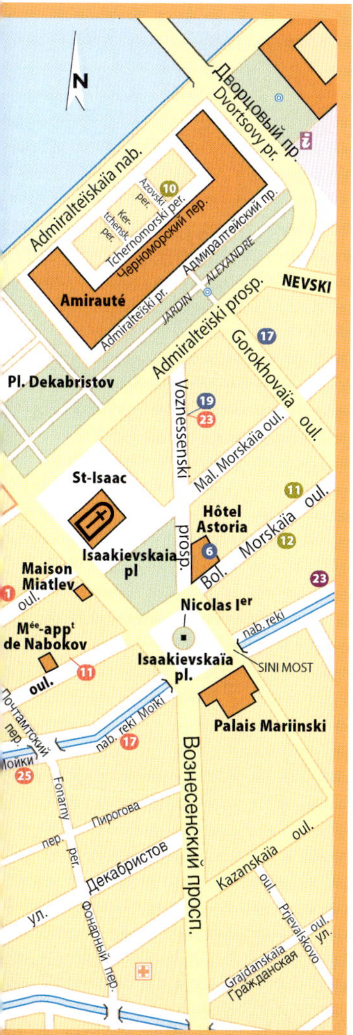

l'impératrice. Le décor intérieur convoque plus de quatorze variétés de marbres, quarante sortes de pierres dures ou semi-précieuses et des mosaïques (plus résistantes à l'humidité que les fresques).
Au total, 400 kg d'or, 1000 t de bronze, 16 t de malachite et plus de 11 m² de lapis-lazuli composent le programme ornemental. Le maître-autel est décoré d'un vitrail – insolite dans une église orthodoxe – qui représente la résurrection du Christ. Remarquez aussi les trois grandes portes intérieures en bronze inspirées des « portes d'or » du baptistère de Florence.
Du sommet de la **colonnade** (102 m et 262 marches !), le **panorama**★★ sur la ville et le golfe de Finlande est superbe.
Transformée en musée en 1931, la cathédrale a été partiellement rendue au culte orthodoxe dans les années 1990 (messes dominicales).
Les messes solennelles y sont célébrées lors des grandes fêtes religieuses et des concerts y sont organisés.

BOLCHAÏA MORSKAÏA OULITSA★

Большая Морская улица

Cette rue élégante est bordée de magnifiques demeures du 19e s. Au **n° 43**, la maison Demidov porte le nom d'une famille d'industriels, propriétaire de mines dans l'Oural, dont le blason orne la façade.
Au **n° 47**, un très bel immeuble Art nouveau avec des grilles en fer forgé et une frise en mosaïque appartint à la famille de **Vladimir Nabokov**

(1899-1977). Les inconditionnels de l'écrivain, qui vécut ici jusqu'à l'âge de 18 ans, pourront y visiter un **petit musée**. *Bolchaïa Morskaïa oul. 47 - ☎ (812) 315 47 13 - nabokov.museums.spbu.ru/En/index.htm - mar.-vend. 11h-18h, w.-end 12h-17h - gratuit.*

PALAIS YOUSSOUPOV★★

Yousoupovski dvorets/Юсуповский дворец

Oul. Dekabristov 21. - ☎ (812) 314 98 83 - yusupov-palace.ru/en- tlj sf 1er merc. du mois 11h-18h - visite avec audioguide en français (1h) 700 Roub. - ticket séparé pour l'exposition « L'assassinat de Raspoutine » (Oubijstva Raspoutina), visite libre avec brochure en franç. vend.-lun. 17h-18h30 - 350 Roub.

Construite en 1770 et plusieurs fois remodelée, cette demeure fut, à partir de 1830, celle des princes Youssoupov, famille d'origine tatare, considérée comme la plus riche du pays.

Au 1er étage, après les **appartements de la princesse Zénaïde** (1859), les **salles d'apparat**, de style Empire, se succèdent dans un faste inimaginable – remarquez les énormes lustres en papier mâché que le plafond n'aurait pu porter s'ils avaient été en bronze. Suit la **galerie de peintures** créée pour présenter quelque 1500 tableaux des grands maîtres européens, répartis dans les musées soviétiques à la Révolution.

L'adorable petit **théâtre★★** constitue le clou de la visite. Cette prodigieuse salle au décor rococo, avec ses dorures, ses peintures et son velours rouge, est une véritable boîte à bijoux. Nous vous recommandons d'assister à un concert dans ce théâtre, où se produisirent, entre autres, Franz Liszt, Fiodor Chaliapine, Mikhaïl Glinka, Pauline Viardot et Vladimir Maïakovski. L'expérience est inoubliable *(rens. à la caisse du palais)*.

Au rez-de-chaussée la visite se poursuit dans les **appartements du prince**. Créés par l'architecte russe Ippolit Monighetti, en 1860, époque du triomphe de l'historicisme, ils s'inspirent de styles variés : remarquez, en particulier, le somptueux **salon mauresque**, imité de l'Alhambra.

« Assassinat de Raspoutine »

« Oubistvo Raspoutina »/« Убийство Распутина »

Au sous-sol, un musée de cire reconstitue la dernière soirée de Grigori Iefimovitch Novykh (1869-1916), alias Raspoutine, qui eut tant d'influence sur la dernière tsarine. Dans la nuit du 16 décembre 1916, le prince Félix Youssoupov et ses complices, dont le grand-duc Dimitri, cousin du tsar, décidés à sauver le régime, attirèrent ici le « magnétiseur débauché ». Ni le vin et les gâteaux au cyanure, ni les coups de pistolet ne vinrent à bout de cette force de la nature, qu'ils jetèrent finalement dans la Neva et dont on devait diagnostiquer la mort par noyade...

NOUVELLE-HOLLANDE★★

Novaïa Gollandiïa/Новая Голландия

Nab. Admiralteïskovo kan. 2 - www.newhollandsp.ru/en - 9h-22h,

Anton Kudelin/Shutterstock.com

La Nouvelle-Hollande, un des lieux incontournables de la ville.

vend.-dim. 9h-23h - gratuit.
Monumental ensemble d'entrepôts en briques attirant les hipsters de la ville, la Nouvelle-Hollande est devenue l'un des pôles majeurs d'art contemporain de Saint-Pétersbourg. Cette île appartenait à l'Amirauté (*p. 49*) voulue par Pierre Ier. Elle était destinée au stockage du bois de construction des navires, entreposé dans les grands bâtiments aujourd'hui reconvertis, et communiquait avec les chantiers navals de l'Amirauté par un canal. L'exemple des chantiers hollandais, visités par Pierre le Grand, le percement des canaux d'accès et l'afflux d'ingénieurs étrangers expliquent le nom donné à l'île. Zone interdite, car militaire, jusqu'en 2004, l'île a été ouverte au public en 2016, après trois ans de restauration. Dasha Zhukova, ex-épouse du milliardaire Roman Abramovitch et fondatrice du Garage, un centre d'art contemporain à Moscou, est la commissaire du projet, prévu pour être achevé en 2025. L'endroit vaut la visite pour son ambiance branchée et décontractée, et pour la beauté des entrepôts.
Les commerces et les points de restauration ont ouvert dans le bâtiment circulaire (la **Bouteille**), dont une librairie tenue par le Garage ; le long du bassin, le jardin au dessin contemporain accueille les plus jeunes sur une aire de jeux ayant la forme de la frégate historique Pierre-et-Paul, tandis que les adultes préfèrent

les chaises longues installées aux beaux jours. Le bâtiment historique de la **forge** héberge un café et un restaurant gastronomique, dans un décor industriel exploité avec goût (*Kuznya, p. 104*). Le site accueille des spectacles, un cinéma en plein air à la belle saison, et des expositions d'art contemporain.
Si l'aspect historique de la Nouvelle-Hollande vous passionne, visitez le **musée central de la Marine de guerre**, qui a trouvé ses nouveaux quartiers dans les casernes Kryoukov en 2016 après maints déménagements. Voulu par Pierre le Grand en 1709, il présente entre autres un ensemble de **maquettes de la flotte russe★** depuis le 18e s.
Tsentralny voyenno-mosrkoy Musey (Центральный военно-морской музей)- nab. kan. Kryukova 2 - ☎ (812) 303 8513 - eng.navalmuseum.ru- 10h-18h - fermé lun. et mar. - 600 Roub.

POTSELOUÏEV MOST

Поцелуев мост

Le **pont des Baisers** : voilà un nom qui éveille la curiosité et dont on peine à établir l'origine. Certains affirment qu'à l'époque où la frontière de la ville passait à cet endroit, les gens en partance faisaient ici leurs adieux à ceux qui restaient dans la ville. D'autres pensent que les marins des casernes proches embrassaient ici les jeunes filles avant de les quitter. Mais, si l'on s'en tient à l'explication étymologique, le lieu tirerait son nom de la taverne du marchand Potselouev, surnommé *Potsélouï* (« baiser »), installée jadis à proximité du pont. L'endroit est particulièrement pittoresque. Du pont s'ouvre une jolie **vue★★** sur la Moïka et la coupole dorée de la cathédrale St-Isaac. Cet endroit poétique est la promenade de prédilection des amoureux.

ANGLISKAÏA NABEREJNAÏA

Английская набережная

Le **Quai des Anglais** doit son nom aux nombreux Anglais qui s'y installèrent au 18e s. Bordé de belles demeures dont certaines présentent des façades magnifiques, le quai procure l'occasion d'une agréable promenade le long de la Néva.
La maison du **n° 28**, à la façade éclectique, fut construite en 1890 par l'architecte Krassovski. Elle abrite aujourd'hui le Palais des mariages et offre un cadre fastueux aux photos des jeunes mariés. C'est dans la **maison Narychkine**, au n° 10, que Léon Tolstoï a situé le premier bal de Natacha Rostova, l'héroïne de *Guerre et Paix*. Au n° 4 s'élève la **maison Laval** (1809), dont la façade rose et blanc est décorée de bas-reliefs. Le salon musical et littéraire de Mme de Laval, une comtesse russe mariée à un Français, fut un centre de la vie artistique pétersbourgeoise. La maison, dont l'entrée est gardée par deux lions en granit rose, abrite aujourd'hui les Archives historiques.

Place des Théâtres et canal Griboïedov★

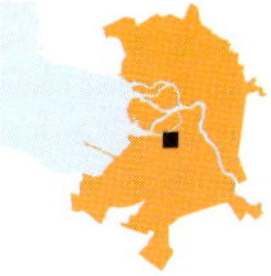

Dans cette partie de la ville située entre la Moïka et le canal Griboïedov se tient un des hauts lieux de la vie musicale locale. Vous découvrirez un quartier pittoresque, traversé par des canaux aux romantiques petits ponts attirant peintres et amoureux. Flânez dans ce lieu de la magie urbaine, dans les méandres du canal Griboïedov, qui le traverse comme il traverse l'œuvre de Dostoïevski, qui lui donna ses lettres de noblesse.

▶**Accès :** Ⓜ Admiralteïskaïa (ligne 5), et Sennaïa/Spasskaïa/Sadovaïa (lignes 2, 4 et 5)

Plan de quartier p. 59. Plan détachable D6.

▶**Conseil :** À partir de la cathédrale St-Nicolas-des-Marins, il est facile de rejoindre le Saint-Pétersbourg de Dostoïevski *(p. 60)*, le long du pittoresque canal Griboïedov (joli point de vue à l'intersection avec le canal Krioukov). Pour une après-midi de flânerie, emportez un pique-nique dans le jardin Youssoupov et profitez de l'ambiance conviviale des quais du canal Griboïedov.

TEATRALNAÏA PLOCHTCHAD★

Театральная площадь

Loin du centre aristocratique, la **place des Théâtres** était, à la fin du 18e s., un immense terrain vague accueillant les réjouissances populaires, les carnavals et les foires. À l'emplacement de l'actuel Conservatoire se dressait un théâtre de bois, reconstruit en pierre en 1783 et devenu le Grand Théâtre, alors la seule scène permanente de Saint-Pétersbourg. En 1836, la troupe dramatique constitua le théâtre Aleksandrinski (*p. 36*), tandis que celle d'opéra et de ballet formait le théâtre Mariinski.

THÉÂTRE MARIINSKI★★

Мариинский театр

Teatralnaïa pl. 1 - p. 118.

Connu sous le nom de Kirov à l'époque soviétique, le théâtre de Marie (l'épouse d'Alexandre II) est aujourd'hui un beau bâtiment de style éclectique (1859), réputé pour sa magnifique salle. Tous les grands noms de la musique et de la danse russe et soviétique se sont produits dans ce lieu où œuvra le chorégraphe **Marius Petipa** et que dirige aujourd'hui Valeri Guerguiev (*p. 157*). Essayez d'assister à un spectacle, tant pour la qualité des

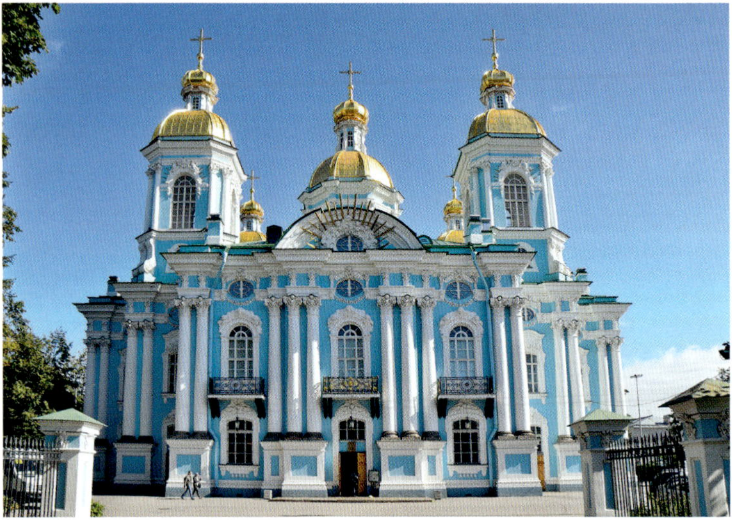
Ovchinnikova Irina/Shutterstock.com

St-Nicolas-des-Marins.

prestations que pour l'ambiance. Il s'est aussi doté en 2013 d'une nouvelle salle, dite Deuxième scène ou **Mariinski II** (2000 places). Reliée au bâtiment historique par une passerelle, elle est installée dans une structure moderne qui comprend un foyer au revêtement d'onyx particulièrement réussi. Une annexe, le **Concert Hall**, est située à deux pas *(oul. Dekabristov, 37)*.

CONSERVATOIRE RIMSKI-KORSAKOV★

Konservatoriïa imeni Rimskogo-Korsakova/Консерватория имени Римского-Корсакова

Teatralnaïa pl. 3 - www.conservatory.ru.

C'est l'école supérieure de musique la plus ancienne du pays. Depuis sa fondation en 1862, elle a accueilli nombre de grands noms de la musique russe : **Prokofiev**, **Chostakovitch**, **Stravinsky**, etc. Le conservatoire possède deux salles de concerts où se produisent les meilleurs interprètes. Devant le bâtiment (1896) se dressent les statues de deux compositeurs russes : à droite, celle de **Mikhaïl Glinka**, « le père de la musique russe », à gauche, celle de **Nikolaï Rimski-Korsakov** (*p. 67*), éminent professeur du conservatoire.

SE LOGER
Holiday Inn Express.......... 4
SE RESTAURER
Kilikiïa.......... 26
Severianin.......... 34
ZooM Café.......... 10
FAIRE UNE PAUSE
Character Coffee.......... 14
Coffee 22.......... 12
Seize the Impression.......... 13
SHOPPING
Konditerskaïa Kroupskaïa..... 10
SORTIR
Shamrock.......... 14
Théâtre Mariinski.......... 1

Sur les pas de Raskolnikov

*S'il n'est pas né dans la capitale impériale, **Fiodor Dostoïevski** (1821-1881) y a passé une grande partie de sa vie. Il a fait ses études au château des Ingénieurs (p. 42), et a fréquenté le cercle socialiste Petrachevski, dont les idées progressistes valurent à ses membres un séjour au bagne en Sibérie au tournant des années 1850. C'est à Saint-Pétersbourg qu'il écrit certaines de ses œuvres majeures, comme **Les Pauvres Gens** (1846), **Humiliés et Offensés** (1861), **L'Idiot** (1868), **L'Adolescent** (1875), **Les Frères Karamazov** (1880) et surtout **Crime et Châtiment** (1866), roman dans lequel la ville est un personnage à part entière. **Raskolnikov**, son héros, traîne beaucoup dans le périmètre de la place Sennaïa. Il vit dans l'immeuble à l'angle de Grajdanskaïa oul. (n° 19) et de Stoliarny per. (n° 5), dans un environnement sordide. Il médite son crime en cheminant devant le **jardin Youssoupov★**. Sonia, la jeune femme contrainte de se prostituer, reçoit ses clients au n° 63 du canal Griboïedov, tandis que **l'usurière** assassinée habite sur l'autre rive, à l'angle de la rue Srednaïa Podiatcheskaïa et Nab. Kanala Griboïedova. Le roman s'achève au n° 65 du canal Griboïedov, dans le poste de police où le meurtrier se rend et où Dostoïevski fut lui-même convoqué. Le musée-mémorial de l'écrivain, qui repose au cimetière de Tikhvine (p. 86), se trouve sur Kouznetchny per. 5/2 (p. 67).*

GRANDE SYNAGOGUE CHORALE★

Bolchaïa khoral'naïa sinagoga/ Большая хоральная синагога

Lermontovski pr. 2 - (921) 978 44 64 - sinagoga.jeps.ru/sinagoga/informacziya-dlya-turistov/ekskursii.html- tlj sf sam. et fêtes juives 9h-17h - offices variables selon les jours - visite guidée 600 Roub. à réserver 3 j. avant.

Longtemps interdits de s'installer en milieu urbain, les juifs reçurent la permission d'ériger une maison de prière dans la capitale sous le règne d'Alexandre II, le tsar libérateur. Consacrée en 1893, la synagogue de style mauresque a pu être restaurée en 2000 grâce à la générosité du banquier Edmond Safra. C'est la seule de la ville et la deuxième d'Europe, après celle de Budapest, par la taille. Elle comprend deux salles, l'une réservée aux grandes célébrations, l'autre, dite « petite synagogue », aux services de tous les jours, ainsi qu'un *mikvé*, bain rituel *(ne se visite pas)*. Depuis le début des années 1990, la population juive de Russie a fortement chuté du fait de l'émigration, mais la communauté locale reste très active.
Vous trouverez sur place un magasin casher et un restaurant.

CATHÉDRALE ST-NICOLAS-DES-MARINS★★

Nikolski morskoï sobor/Никольский морской собор

Nikolskaïa pl. 1/3 - (812) 714 70 85 - 7h-19h30 - offices tlj à 7h, 10h et 18h, église haute ouverte seult pendant les offices sam. à 18h et dim. à 10h - la visite guidée doit être réservée par avance.

Dimanche matin, on se presse à l'office de l'église haute. Les prières montent au son des majestueux chants orthodoxes. Joli moment de recueillement, loin du chahut de la ville, dans cette église dédiée à saint Nicolas, patron des marins, dont le quartier était autrefois peuplé. Cette cathédrale (1752-1762), demeurée ouverte au culte à l'époque soviétique, est l'un des plus beaux exemples du baroque russe. Construite par Savva Tchevakinski, un élève de Rastrelli, elle respecte le principe des cinq coupoles de l'église orthodoxe et n'est pas sans rappeler la cathédrale de Smolny (*p. 87*). Selon la tradition russe, elle comprend deux églises : celle du niveau inférieur, basse de plafond, éclairée par la lumière des veilleuses, destinée aux services quotidiens, aux baptêmes et aux enterrements ; celle du niveau supérieur, lumineuse et aérée, au décor riche et élégant, réservée aux offices du samedi et du dimanche, aux mariages et aux fêtes. Si la prière n'est pas votre affaire, observez en silence l'**iconostase** en bois sculpté qui ruisselle d'or, le baldaquin doré qui indique la place du tsar, le drapeau de la Marine russe, avec une croix bleue sur fond blanc et les plaques en hommage aux marins morts, dont la dernière honore les victimes du sous-marin *Koursk*.

PIKALOV MOST★★

Пикалов мост

Voici sans doute l'endroit le plus pittoresque de la ville. C'est ici, à la croisée des canaux, que l'on découvre l'image du rêve de Pierre le Grand : une cité sillonnée de canaux où se mirent des palais et des églises. Arrêtez-vous au milieu du pont, point stratégique d'où la vue embrasse sept ponts à la fois et les coupoles dorées de la cathédrale St-Nicolas-des-Marins.

Sovfoto/UIG/Universal Images Group/age fotostock

Portrait de Fiodor Dostoïevski (1872), par Vasily Perov.

LVINY MOST

Львиный мост

Le romantique **canal Griboïedov**, qui porta autrefois le nom de Catherine, est traversé par des ponts qui ajoutent au charme des lieux. Tous différents, ils sont parfois ornés de figures d'animaux, comme le charmant **pont aux Lions**, décoré de quatre sculptures de lions gardant le passage. Les héros de *Crime et Châtiment* passent et repassent ces petits ponts (*encadré p. 60*).

STOLIARNY PEREOULOK

Столярный переулок

Dostoïevski vécut d'août 1864 à janvier 1867 dans ce quartier, le plus pauvre et le plus populaire de Saint-Pétersbourg. Non pas qu'il y vint exprès pour étudier la vie sordide de ses habitants, mais tout simplement parce qu'il n'avait pas les moyens de vivre ailleurs. Stoliarny per., la « rue des Menuisiers » ne comptait à cette époque que seize immeubles, huit de chaque côté, et pourtant pas moins de dix-huit gargotes et cabarets. Dostoïevski loua un appartement au premier étage du n° 7. C'est ici que venait la jeune Anna Snitkina, qui deviendra sa femme, pour sténographier le texte du *Joueur*, qu'il avait écrit en vingt-six jours. C'est ici également qu'il rédigea *Crime et Châtiment*.

SENNAÏA PLOCHTCHAD

Сенная площадь

L'histoire de ce quartier est liée à la **place au Foin**, située en son centre. Au milieu du 18e s., c'était un marché où l'on vendait du bois, des bêtes et surtout du foin, d'où son nom. Avec le temps, des tavernes malfamées et des maisons de tolérance apparurent à ses abords, l'endroit devenant peu à peu le cloaque de Saint-Pétersbourg. L'insalubrité qui y régnait entraîna une grande épidémie de choléra en 1831. On vendait de tout sur ce marché, y compris des serfs et des prostituées. C'est ce monde de crasse, de misère noire, de crime et de vice que **Dostoïevski** décrivit d'une façon vibrante dans son célèbre roman *Crime et Châtiment*. Réhabilité pour le 300e anniversaire de la cité, l'endroit est méconnaissable, modernisé et bien plus propre qu'il n'a jamais été ; le seul édifice resté intact est l'ancien poste de police, avec son portique classique à quatre colonnes, au centre de la place.

JARDIN YOUSSOUPOV★

Youssoupovski sad/Юсуповский сад

Ce jardin, que Raskolnikov longeait en se dirigeant chez la vieille usurière, appartenait autrefois à la puissante famille Youssoupov. L'édifice jaune aux colonnes blanches, qu'on aperçoit au fond du jardin, était l'un des quatre **palais** que les Youssoupov possédaient dans la ville. Avec son étang et ses allées ombragées, le jardin Youssoupov constitue une halte agréable.

Entre la Fontanka et la place Vosstaniïa

L'animation du canal Griboïedov s'estompe une fois traversé la Fontanka, limite sud de la ville au 18e s. Du canal à la place Vosstaniïa, où se dresse la gare de Moscou, se révèle un quartier plus populaire. Parallèle à la Fontanka, le prospekt Zagorodny (littéralement « au-delà de la ville ») conduit vers la rue Kouznetchny, son marché couvert et ses abords commerçants, puis s'éloigne vers l'avenue Ligovski et ses espaces underground.

▶**Accès :** Ⓜ Vladimirskaïa/Dostoïevskaïa (lignes 1 et 4), Ligovski Prospekt (ligne 4) et Vosstaniïa/Maiakovskaïa (ligne 1 et 3)

Plan de quartier p. 64-65. Plan détachable EG5-6.

▶**Conseil :** À part la visite de quelques musées intéressants, ce quartier un peu excentré est à découvrir pour ses bistrots, ses clubs et ses centres culturels.

PLOCHTCHAD LOMONOSSOVA★

Площадь Ломоносова

Cette place entourée de bâtiments néoclassiques compose un ensemble harmonieux avec la place Ostrovski et la **rue de l'Architecte-Rossi**, qui les relie superbement (*p. 36*). C'est d'ici que s'ouvre la meilleure **vue★★** sur cette rue, à laquelle Rossi a donné des proportions parfaites, et que ferme le théâtre Alexandra. Le grand bâtiment en hémicycle qui borde la place abritait jadis le ministère de l'Instruction publique. Au milieu s'élève un buste de **Mikhaïl Lomonossov**, exécuté par P. Zabello et posé en 1892.

MOST LOMONOSSOVA★

Мост Ломоносова

Sujet d'inspiration des peintres, ce pont est l'un des rares de la ville à avoir préservé son aspect d'origine. Il fut construit entre 1785 et 1787, lorsque la Fontanka était encore navigable. Ses mécanismes, dissimulés dans les quatre tourelles en pierre, actionnent l'ouverture du tablier. Il offre une jolie **vue★** sur le canal avec, en toile de fond, les coupoles bleues de la cathédrale de la Trinité.

MUSÉE-APPARTEMENT MÉMORIAL RIMSKI-KORSAKOV★

Memorialny mouzeï-kvartira Rimskogo-Korsakova/ Мемориальный музей-квартира Римского-Корсакова

Zagorodny pr. 28, dans la cour, 1re porte à droite (interphone), 2e étage - ✆ (812) 713 32 08 - theatremuseum.ru - merc. 13h-21h, jeu.-dim. 11h-19h - fermé lun., mar. et

Gostiny Dvor
Гост. Двор
Passage
Gostiny Dvor
Гост. Двор
Magasin Elisseïev
Karavannaïa oul.
Караванная ул.
наб. р. Фонтанки
Фонтанка
Anitchkov most
Doumskaïa oul.
Gostiny Dvor
Bibliothèque nationale de Russie
Pl. Ostrovskovo
CATHERINE II
EKATERININSKI SKVER
ANICHKOV SKVER
Palais Anitchkov
Fontanka
наб. р. Фонтанки
Palais Bielosselski-Bielozerski
Sadovaïa oul.
Садовая ул.
per. Krylova
п. Крылова
Théâtre Aleksandrinski
T
oul. Lomonossova
ул. Ломоносова
Oul. Zodtchevo Rossi
Musée de l'Art théâtral et musical
nab. r. Fontanki
Grafskiy per.
Графский
Fructovaya Liniya
Фруктовая Линия
Chernyshovsky pr.
Чернышовский пр.
Pl. Lomonossova
20
9
Фонтанка
Torgoviy per.
Торговиы пер.
Most Lomonossova
Chtcherbakov per.
Щербаков пер.
Instrumentalnaya Liniya
Инструментальная Линия
наб. р. Фонтанки
Fontanka
oul. Lomonossova
ул. Ломоносова
Oul. Roubinchteïna
Dostoïevskaïa
Достоевская
LESHTUKOV MOST
Лештуков мост
nab. r. Fontanki
Bannyy per.
Банный пер.
Per. Dzhambula
Пер. Дзамбула
Borodinskaya oul.
Бородинская ул.
14
7
Piat ouglov
Загородный проспект
Raz'Yezzhaya oul.
Раз'Ьезжая
Бол. Московская ул.
Bol. Moskovskaya oul.
12
Musée Rimski-Korsakov
Sotsialisticheskaya oul.
Социалистическая ул.
ул. Правды
oul. Pravdy
5
8
Zagorodny prosp.
Zvenigorodskaïa ul.
Звенигородская ул.
Zvenigorodskaïa
Звенигородскаvа
oul. Dostevskogo
oul.
SE LOGER
Brat'ia Karamazov... 8
Nevsky Forum... 5
Piaty Ougol... 7
Rossi Hotel... 9
Neva

ENTRE FONTANKA ET PL. VOSSTANIA
0 100 200 m
Liteïny prosp. Литейный просп.
Vladimirski prosp. Владимирский просп.
oul. Maïakovskovo ул. Маяковского
oul. Vosstaniïa ул. Восстания
Ligovski prosp.
2-Ya Sovetskaya oul. 2-я Советская ул.
Орловский пер.
Orlovski per.
NEVSKI PROSP.
Pl. Vosstaniïa Пл. Восстания
LENINGRAD HERO
Pl. Vosstaniïa
Stremiannaïa oul. Стремянная ул.
Maïakovskaïa Маяковская
Dmitrovskiy per. Дмитровский пер.
Povarskoy per. Поварской пер.
ул. Марата
Пусчкинская ул.
Goncharnaya oul. Гончарная ул.
MOSKOVSKI VAKZAL Московский вокзал
Ligovskiy per. Лиговскиы пер.
Kolokolnaja oul. Колоколная ул.
N.-D. de Vladimir
Musée de l'Arctique et de l'Antarctique
Musée Dostoïevski
Kouznetsni oul. Кузнецний ул.
Kouznetchny Rynok
Pushkinskaïa oul.
GALERIA MALL ГАЛЕРЕЯ
Vladimirskaïa Владимирская
ул. Достевск.
oul. Dostevskogo
oul. Marata
Коломенская ул.
Svechnoy per.
Svechnoy per. Свечной пер.
Kolomenskaïa oul.
SAD SAN-GALLI
Loft Project Etagi
Raz'Yezzhaya oul. Раз'Ьезэчая ул.
Borovaya Боровая
Marata Марата
oul. ул.
N
SE RESTAURER
Bekitzer 14
Khatchapouri i Vino 5
Mama na Dache 19
FAIRE UNE PAUSE
Pitcher 15
SHOPPING
Ararat 12
Kouznetchny Rynok 11
Natura Siberica 7
Tatyana Parfionova 2
SORTIR
Fish Fabrique 13
Jazz Philharmonic Hall 12
Loft Project Etagi 15
Top Hops 20

Le pont Lomonossov sur le canal Fontanka.

dernier vend. du mois - 150 Roub. Transformé en musée en 1971, l'appartement où Nikolaï Rimski-Korsakov (1844-1908) passa les dernières années de sa vie ne semble pas avoir changé depuis l'époque où il était occupé par son illustre propriétaire. Meubles, photos, tableaux, souvenirs divers, mais aussi piano du maître contribuent à restituer l'atmosphère émouvante de ce lieu qui fut le centre de la vie musicale pétersbourgeoise à la fin du 19e s., notamment lors des soirées musicales du mercredi qu'organisait le compositeur.

Bon à savoir – Le musée organise régulièrement des concerts de musique de chambre. De jeunes talents locaux s'y produisent, en général le week-end *(programme sur place)*.

OULITSA ROUBINCHTEÏNA

Улица Рубинштейна

Très animée, la **rue Rubinstein** prend son nom du compositeur Anton Rubinstein (1829-1894), qui habita au n° 38. Elle démarre au carrefour formé par l'intersection de trois rues appelé « Cinq Angles » (**Piat ouglov**/Пять углов), dominé par un immeuble avec une tour d'angle bâti par Alexandre Lichnevski en 1913. Aujourd'hui, la rue est une des destinations les plus prisées des soirées de Saint-Pétersbourg (*p. 105*).

Le groupe des Cinq

*Association informelle constituée dans les années 1860, ce groupe, très influencé par Glinka, se donna pour mission de créer une musique spécifiquement russe. Tous autodidactes, Nikolaï Rimski-Korsakov (1844-1908), Mili Balakirev (1837-1910), Modest Moussorgski (1839-1881), César Cui (1835-1918) et Alexandre Borodine (1833-1887) développèrent une approche originale de la composition et renouvelèrent durablement les thèmes des œuvres russes. Ils puisèrent leur inspiration dans l'histoire (**Boris Godounov**, Moussorgski ; **Le Prince Igor**, Borodine), les contes (**Le Coq d'or**, **Schéhérazade**, Rimski-Korsakov), la littérature (**Le Prisonnier du Caucase**, **La Fille du capitaine**, Cui), afin de rendre leurs œuvres – souvent des opéras – accessibles au public. Les cinq compositeurs reposent au cimetière de Tikhvine (**p. 86**).*

MUSÉE-MÉMORIAL LITTÉRAIRE DOSTOÏEVSKI ★★

Literatourno-memorial'ny mouzeï Dostoïevskogo/Литературно-мемориальный музей Достоевского

Kouznetchny per. 5/2 - ✆ (921) 977 43 00 - www.md.spb.ru - tlj sf. lun. 11h-18h, merc. 13h-20h - 250 Roub - audioguide en anglais 250 Roub.

Ouvert en 1971, ce musée comprend deux parties. L'**exposition** présente le parcours de l'écrivain à travers de nombreux documents et photos ; ses œuvres sont replacées dans le contexte de sa vie et celui de la ville : une grande carte indique les adresses des personnages, ainsi que celles de l'écrivain, qui vécut vingt-huit ans à Saint-Pétersbourg et changea une vingtaine de fois de domicile. La visite se poursuit dans l'**appartement** qu'il occupa avec sa femme et ses deux enfants en 1846, puis de 1878 à sa mort en 1881. Des quatre pièces, seul le cabinet de travail a pu être fidèlement reconstitué. Sur la grande table à tapis vert, des brouillons, des feuilles de papier, quelques livres. Au-dessus du canapé où dormait Dostoïevski, une reproduction de la *Madone Sixtine* de Raphaël, son tableau préféré. L'horloge du bureau est arrêtée à l'heure où il mourut : 20h38.

De l'autre côté de la rue se trouve l'un des plus beaux marchés couverts de la ville : le **Kouznetchny Rynok**★ *(p. 154)*.

ÉGLISE NOTRE-DAME-DE-VLADIMIR★

Владимирская церковь

Vladimirskaïa pl. - offices tlj 9h, 18h (dim. 7h, 10h, 18h).

Dostoïevski était paroissien de cette église construite en 1761 à l'emplacement d'un édifice en bois. Un clocher lui fut adjoint en 1783 par Quarenghi. Fermée sous le régime soviétique, elle a été rendue au culte en 1990. Depuis, la paroisse, très vivante, attire de nombreux fidèles. Elle possède de belles icônes, dont l'une de la Vierge de Vladimir, très vénérée. N'hésitez pas à vous y arrêter quelques instants, si vous

Les lieux où s'invente la ville

*Les lofts - appelés aussi centers ou projects - sont des lieux polymorphes et labyrinthiques, qui occupent souvent des immeubles désaffectés. Points de rencontre et lieux de sociabilité, ils doivent peu à peu trouver un mode d'exploitation économique : les performances libres évoluent vers les concerts payants, le troc vers les boutiques tendance ou les cafés-concept, parmi lesquels l'anticafé ou time-café, qui ne fait pas payer la consommation mais le temps. Tous conservent une atmosphère informelle et affichent une liberté d'invention. Un des plus anciens, l'**Art Center Pouchkinskaïa** (Ligovski pr. 53), cultive le souvenir d'artistes contestaires, tolérés par le régime dans les années 1980. Il regroupe des espaces d'art contemporain dans plusieurs bâtiments aux cages d'escalier déglinguées, remplies d'œuvres insolites. Toujours arty, mais très design et hyperconfidentiel, **Fligel** (p. 115) est un espace très agréable. Quant au **Loft Project Etagi** (p. 114), il a pris un tour très populaire et vire à la foire d'empoigne.*

passez à l'heure des offices, pour écouter les chœurs.

MUSÉE DE L'ARCTIQUE ET DE L'ANTARCTIQUE★

Mouzeï Artiki i Antartiki/Музей Артики и Антарктики

Oul. Marata 24a - ✆ (812) 571 25 49 - www.polarmuseum.ru - merc.-dim. 10h-18h - fermé lun., mar. et dernier vend. du mois - 300 Roub. Installé dans l'ancienne église St-Nicolas (1838),ce musée est l'un des plus importants du monde consacrés à la thématique des pôles. On y apprend tout sur le milieu naturel, l'histoire de la conquête des régions polaires, la culture des peuples nordiques, à travers de nombreux dioramas, des maquettes, des objets d'artisanat et toutes sortes d'animaux empaillés.

LIGOVSKI PROSPEKT

Лиговский проспект

Oul. Kouznetchny mène au trépidant Ligovski prospekt, qui compte, outre quelques superbes immeubles Art nouveau, le mall commercial **Galeria** *(Ligovski pr. 30)* et le **Loft Project Etagi** (*p. 114*), qui attirent la foule.

PLOCHTCHAD VOSSTANIÏA

Площадь Восстания

Au début du 18e s. la **place de l'Insurrection** était le point d'arrivée du Nevski prospekt, prolongé ensuite jusqu'à la laure Alexandre-Nevski. Après sa destruction en 1940, l'église fut remplacée par le pavillon de la station du métro, qui porte aujourd'hui une plaque commémorative.

La place est bordée par le **Moskovski vakzal**, la gare de Moscou, édifiée sur un projet de **Konstantin Ton**. L'obélisque en granit, érigé au centre de la place en 1985, est dédié à la défense héroïque de Leningrad au cours de la Seconde Guerre mondiale.

Forteresse Pierre-et-Paul★★★

Petropavlovskaïa krepost/Петропавловская крепость

Berceau de la cité, tour à tour cathédrale, mausolée des tsars et redoutable prison, la forteresse Pierre-et-Paul a traversé l'histoire de la ville et de la Russie. Même si nombre de ses sites sont aujourd'hui transformés en musées, la forteresse fondée en 1703 n'est pas figée dans le passé : on continue à y battre monnaie, les fidèles affluent, les mères de famille promènent leurs enfants, les amoureux se retrouvent et, aux beaux jours, petits et grands viennent profiter de la plage au pied des remparts. En hiver, on voit même des morses plonger dans l'eau glaciale de la Neva et en ressortir un sourire accroché aux moustaches.

▶**Accès :** Ⓜ Gorkovskaïa (ligne 2). Située sur une petite île en enclave sur la rive droite de la Neva, la forteresse Pierre-et-Paul est facilement accessible à pied depuis la Dvortsovaïa naberejnaïa, par le pont Troïtski, ou bien depuis l'île Vassilievski, par le pont Birjevoï most.
Si vous arrivez par l'est, le petit pont Ioannovski vous conduit à l'entrée principale de la forteresse. Si vous abordez la forteresse par l'ouest, traversez le pont du Kronverk et entrez dans l'enceinte par la porte St-Basile.

Plan de quartier p. 72-73. Plan détachable DE3-4.

▶**Conseil :** Comptez 3h pour visiter la forteresse. La découverte de ce lieu clé dans l'histoire de Saint-Pétersbourg constitue une excellente introduction à celle de la ville. Évitez le mercredi : plusieurs sites sont fermés.

La forteresse est ouverte tlj de 6h à 22h. À l'intérieur, certains accès sont payants et soumis à des horaires plus serrés. Les caisses se trouvent dans le ravelin St-Jean (Ioannovski ravelin), sur la droite en entrant, et dans la maisonnette du Bateau (Botny dom) devant la cathédrale - 10h-18h (17h mar.) - ✆ (812) 230 64 31 - www.spbmuseum.ru - chaque site de la forteresse est soumis à tarification individuelle, 750 Roub. billet global valable 2 j pour l'ensemble des sites - audioguide en français 500 Roub (dépôt de garantie 1 000 Roub.). La Saint-Petersburg Card est valable à la cathédrale et à la prison (contremarque à retirer dans la maisonnette du Bateau).

La forteresse offre un magnifique panorama, embrassant les trois rives de la Neva ; elle place d'emblée le visiteur devant la coûteuse ambition qu'eut Pierre le Grand, lorsqu'il entreprit de construire une ville sur des îles éparses et marécageuses. Dès l'origine (*encadré ci-dessus*), la citadelle est à la pointe des

Le berceau de la ville

À l'origine de Saint-Pétersbourg, il y a une victoire militaire que Pierre Ier remporte en 1700 sur les Suédois. Le tsar s'empare alors du delta de la Neva, s'assurant ainsi l'accès à la mer (et aux routes commerciales vers l'Europe). Il entreprend ensuite d'ériger une forteresse pour défendre les positions conquises. Le 16 mai 1703, une salve d'artillerie retentissant au-dessus des rives, alors désertiques, de la Neva, annonce la fondation de la forteresse. Cette date est considérée comme le jour de naissance de la nouvelle capitale. Celle-ci reçoit le nom de Saint-Pétersbourg, en l'honneur du saint patron du souverain. Les travaux d'assèchement du delta, de terrassement et de construction sont menés à un rythme inouï : près de 200 000 ouvriers travaillent de l'aube au couchant. Moins d'un an après le lancement du chantier, la forteresse est achevée.

techniques de **fortifications militaires**. En forme d'hexagone à six bastions (qui portent les noms de Pierre Ier et de ses compagnons d'armes) reliés par des courtines, elle est munie de 300 canons. Les murs, hauts de 9 à 12 m se composent d'une double enceinte.

Ironie du sort, cette puissante forteresse n'eut jamais à soutenir de siège, ni même à tirer un coup de feu, à l'exception d'une seule occasion : le 25 octobre 1917, ses canons tirèrent 35 obus sur le palais d'Hiver, portant un coup fatal à la Russie des tsars. Outre son rôle militaire, la forteresse se vit attribuer par Pierre le Grand deux autres fonctions. Le tsar y fit enfermer ses adversaires politiques, à commencer par son propre fils, le tsarévitch Alexis, accusé d'avoir participé à un complot contre son père. Alors que les tsars de Russie étaient traditionnellement enterrés à Moscou, Pierre Ier résolut d'être inhumé au cœur de sa ville. C'est ainsi que la **citadelle-prison** devint une **citadelle-mausolée**. Quasiment tous les empereurs Romanov y sont enterrés.

PORTE ST-PIERRE★

Petrovskié vorota/ Петровские ворота

Porte principale de la forteresse, elle est conçue comme un arc de triomphe. De la porte d'origine en bois, seuls subsistent les **bas-reliefs**. Ils montrent une scène du Nouveau Testament : Simon le magicien est précipité à terre par la prière de saint Pierre. Le saint a les traits du tsar fondateur, ici représenté en vainqueur de la Suède.

CATHÉDRALE ST-PIERRE-ET-ST-PAUL★★★

Petropavlovski sobor/ Петропавловскийсобор

10h-19h, sam. 10h-17h45, dim. 11h-19 - 550 Roub.

La cathédrale fut édifiée entre 1714 et 1733 par **Domenico Trezzini**. On construisit d'abord le **clocher**★★ *(de mai à sept. : visites guidées en russe ✆ (812) 498 07 20 - tlj sf merc. à 11h30, 13h, 14h30 et 16h - 250 Roub.).* D'une hauteur de 122,5 m, il fut longtemps l'édifice le plus haut du

W. Buss/De Agostini/Getty Images

La forteresse Pierre-et-Paul.

pays et reste aujourd'hui le point architectural le plus élevé de la ville. Sa flèche, surmontée d'un ange armé d'une croix, est devenue l'un des symboles de Saint-Pétersbourg. L'**intérieur** lumineux de la cathédrale contraste avec l'atmosphère généralement sombre des églises orthodoxes. Les colonnes roses et vertes et les lustres étincelants lui donnent un air éclatant qu'animent encore les décors réalisés par **Andreï Matveïev** et **Vassili Ignatiev**. Les dix-huit œuvres placées sous les arcs des voûtes relatent la passion du Christ. Le sanctuaire est séparé du reste de la cathédrale par une **iconostase★★** en bois doré réalisée par des artistes moscovites. De part et d'autre de la porte sainte qu'encadrent les images de la Vierge et du Christ, deux grandes icônes représentent les saints patrons de la cathédrale : Pierre et Paul. À droite, en face de l'iconostase, se trouve la **place du tsar**. Il n'y avait pas de trône dans la cathédrale, car les fidèles, y compris le tsar, restaient debout pendant les offices. Une place spéciale fut néanmoins aménagée et surmontée en 1830 d'un baldaquin en bois sculpté.

La nef de la cathédrale est le **panthéon des Romanov**. De Pierre le Grand à Nicolas II, tous les souverains de Russie reposent ici, à l'exception de Pierre II et d'Ivan VI. Les tombeaux, des sarcophages, d'une extrême simplicité, sont placés côte à côte.

Exécutés en marbre blanc de Carrare, ils sont ornés d'une croix en bronze doré et, pour ceux des Romanov qui ont régné, de quatre aigles bicéphales. Seuls ceux d'Alexandre II et de l'impératrice Maria échappent à la règle ; le premier est en jaspe vert, l'autre en rhodonite rose. Dans la **chapelle Ste-Catherine** *(à droite de l'entrée)*, le 17 juillet 1998, eut lieu l'ultime cérémonie funéraire liée aux Romanov : les obsèques de **Nicolas II**, sa famille et ses serviteurs, assassinés à Ekaterinbourg en juillet 1918.

PRISON DU BASTION TROUBETSKOÏ

Tlj 10h-19h - 250 Roub. La « maison secrète » du ravelin St-Alexis fit trembler des générations d'opposants politiques, à commencer par le propre fils de Pierre le Grand. Ses cellules humides ont vu défiler les décembristes, Dostoïevski et les membres du cercle Petrachevski, des anarchistes, des socialistes et de nombreux anonymes...

REMPARTS★★

Entrée par le bastion du Tsar - longueur 300 m - 11h-19h - fermé merc. Du bastion du Tsar au bastion Narychkine, le long de la courtine de la Neva, des passages ont été aménagés, d'où s'ouvre une superbe **vue★★** sur la ville et sur la forteresse.

KRONVERK★

Kronverskaïa nab. Entre 1705 et 1708, la forteresse fut doublée d'un ouvrage défensif qui protégeait son côté nord, appelé le Kronverk à cause de sa forme en couronne. De ces fortifications, il ne reste que quelques vestiges. Le site est occupé par le bâtiment de l'Arsenal, qui abrite aujourd'hui le **musée d'Histoire de l'artillerie militaire**. *Alexandrovski park 7 - ✆ (812) 238 07 04 - www.artillery-museum.ru - merc.-dim. 11h-18h - fermé dernier jeu. du mois - 300 Roub.*

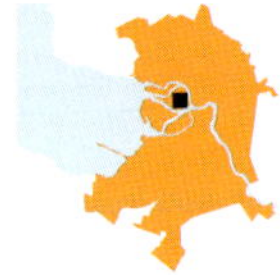

Petrogradskaïa★★

Petrogradskaïa storona/Петропаградская сторона

Situé à proximité de la forteresse, le quartier Petrogradskaïa est l'occasion d'un rendez-vous avec l'histoire mais aussi avec la ville d'aujourd'hui. Sa principale artère, l'avenue Kamennoostrovski, donne à voir un autre visage architectural de la cité avec ses constructions Art nouveau. Au-delà, les îles les plus septentrionales du delta de la Neva sont des lieux de promenade privilégiés.

▶**Accès :** Ⓜ Gorkovskaïa (ligne 2). ou Plochtchad Lenina (ligne 1)

Plan de quartier p. 72-73. Plan détachable CDE 1-2-3.

▶**Conseil :** Le croiseur *Aurore* dans ses habits neufs attend les férus d'histoire navale. À la belle saison, flânez et prenez un verre dans le parc Aleksandrovski, lieu de promenade populaire depuis le début du 20ᵉ s.

MAISONNETTE DE PIERRE Iᵉʳ★

Mouzeï-domik Petra pervovo/ Музей-домик Петра первого

Petrovskaïa nab. 6 - ✆ (812) 595 42 48 - www.rusmuseum.ru - 10h-18h, jeu. 13h-21h - fermé mar. - 300 Roub.

C'est dans cette humble bâtisse en rondins que le tsar passa l'été 1703 à surveiller l'avancement des travaux dans sa nouvelle capitale. Catherine II la fit recouvrir d'un pavillon en pierre afin de la préserver. On imagine mal le géant que fut Pierre le Grand habiter cette maison qui mesure à peine 12 m de long et 5,50 m de large et ne possède que deux pièces, séparées par une entrée !

CROISEUR AURORE★

Kreïser Avrora/Крейсер Аврора

Petrovskaïa nab. 4 - ✆ (812) 303 85 13 - www.aurora.org.ru - tlj. sauf. lun et mar. 11h-18h (caisses 17h15) - 600 Roub.

Longtemps symbole de la révolution d'Octobre et de la victoire des révolutionnaires sur la vieille Russie, l'*Aurore* est aujourd'hui considéré comme un courageux vétéran de la Marine russe. Le croiseur, construit en 1900, participa à la guerre russo-japonaise en 1904-1905, avant d'entrer dans la légende de la révolution. En 1917, il était amarré près du pont du Lieutenant-Schmidt, lorsque, le 25 octobre, son équipage rallié aux bolcheviks déclencha, d'un coup de canon à blanc, l'assaut du palais d'Hiver. Vaisseau-école à partir de 1923, l'*Aurore* prit part à la défense de Leningrad au cours de la Seconde Guerre mondiale. Après plusieurs années de restauration, il est de nouveau amarré sur la grande Neva. Dans neuf salles, qui hélas muséifient le premier niveau du bâtiment et parlent peu aux non-russophones, s'enchaînent une série d'installations

Le croiseur Aurore.

interactives expliquant les systèmes de commande du navire, le quotidien de l'équipage (570 hommes) ainsi que l'histoire de ses commandants et, plus largement, de la flotte russe et de l'académie navale Nakhimov. Même si une restitution plus vivante des lieux tels qu'ils existaient lorsque le croiseur était en activité aurait été appréciable, la visite du vaisseau historique reste digne d'intérêt.

MUSÉE D'HISTOIRE POLITIQUE DE LA RUSSIE★

Gossoudarstvenny mouzeï polititcheskoi istorii Rossii/ Государственный музей политической истории России

Oul. Kouïbycheva 2-4 - ☏ (812) 233 70 52 - www.polithistory.ru -tlj sf jeu. et dernier lun. du mois 10h-18h (20h merc.) - 250 Roub. - visite guidée en franç. sur réserv. - audioguide en français 250 Roub.

Cet établissement, autrefois musée de la Révolution, est intéressant à plusieurs titres. L'hôtel particulier (1904) de la ballerine **Mathilde Kschessinskaïa** est l'un des plus beaux exemples d'architecture Art nouveau à Saint-Pétersbourg, avec sa façade asymétrique rythmée par des bandes de granit rose et gris, ses décorations en fer forgé et en céramique. C'est aussi ici que siégèrent, en mars 1917, les organismes dirigeants du

Parti bolchevique. Le musée présente quelques épisodes marquants de l'histoire de la Russie.

MOSQUÉE

Metchiet/Мечеть

Kronverkski pr. 7 - ne se visite pas.
Ses minarets et sa coupole ornés de faïence turquoise se voient de loin. Construite sur le modèle du mausolée Gour Emir à Samarkand (Ouzbékistan), la seule mosquée de la ville (1914) est pourtant marquée par le style dominant de l'époque : l'alternance du granit rouge non poli et des carreaux en majolique lui donne un aspect très Art nouveau.

KAMENNOOSTROVSKI PROSPECT★★

Каменноостровский проспект

Une balade à faire, tant pour les magnifiques immeubles bordant l'avenue que pour l'ambiance qui règne dans le quartier. Petrogradskaïa resta peu peuplée jusqu'à la fin du 19e s., lorsque le pont de la Trinité (Troïtski most) le relia au centre-ville. C'est alors que le quartier devint le fief des artistes et des intellectuels et se couvrit d'édifices Art nouveau, telle la **maison Lidval** *(Troïtskaïa pl. 1-3)*, bâtie en 1904.
Plus loin, la **Avstriskaïa plochtchad**★ passe pour réunir les plus beaux immeubles du quartier : levez la tête pour admirer les détails de leurs façades. Au n° 35, la **maison Belgoroud** (1905) évoque, avec ses tourelles et sa façade néogothique, un château médiéval.

MUSÉE-APPARTEMENT KIROV★★

Mouzeï-kvartira Kirova/Музей-квартира Кирова

Kamennoostrovski pr. 26/28, porte à droite de l'entrée principale de l'immeuble, au 4e étage - ✆ (812) 346 02 89 - www.kirovmuseum.ru - tlj sf merc. 11h-18h - 200 Roub. - plaquettes en français.
Massif et austère, cet immeuble de rapport (1913) constitue l'un des plus grands ensembles d'habitation de la ville. **Sergueï Kirov** (1886-1934) vécut ici de 1926, année de sa nomination comme premier secrétaire du Parti communiste de Leningrad, jusqu'à son assassinat – dont les historiens pensent qu'il fut commandité par Staline –, événement qui déclencha les grandes purges. La visite retrace la vie de ce personnage charismatique, très aimé par le peuple, comme en témoignent les nombreux cadeaux qu'il reçut. Des objets, souvenirs, photos, livres meublent les pièces restées en l'état. Rare témoignage de l'époque stalinienne, ce musée offre une occasion unique de pénétrer dans l'intimité d'un haut dignitaire du Parti.
Dans un appartement situé un étage plus haut, un musée consacré au monde de l'enfance des années 1920 et 1930 (*mouzeï diétiam/музей детям*) évoque l'univers des jeunes pionniers.

Île Vassilievski★★

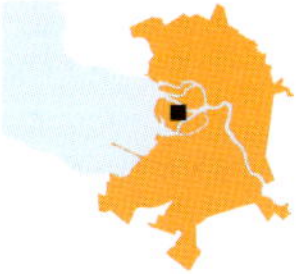

Selon les plans de Pierre le Grand, la plus grande des îles du delta de la Neva devait accueillir le centre politique et administratif de la nouvelle capitale. Il était prévu de la quadriller d'un réseau de rues numérotées et de canaux, mais les difficultés d'accès et les inondations amenèrent les urbanistes à revoir leur copie, et c'est finalement l'autre côté du fleuve qui fut choisi. Les canaux ne furent jamais creusés, mais les « lignes », ces rues qui portent des numéros en guise de nom, demeurent. L'île Vassilievski n'en abrite pas moins plusieurs sites intéressants, dont de nombreux musées et l'université.

▶**Accès :** Ⓜ Vassileostrovskaïa (ligne 3) et 20mn de marche. En venant de Nevski, prenez le bus n° 7 ou traversez le pont Dvortsovy.

Plan de quartier p. 79. Plan détachable AD 3-7.

▶**Conseil :** Pour trouver un endroit où faire une pause, allez vers l'intérieur de l'île, en direction du métro (au croisement de la 6-7). Pour prendre de belles photos, rendez-vous à la Strelka, où le coucher du soleil est particulièrement grandiose.

STRELKA★★

Стрелка

La pointe orientale de l'île Vassilievski est formée par la Strelka (« flèche ») qui offre un magnifique point de vue sur les palais de la rive gauche et la forteresse Pierre-et-Paul. Le fleuve atteint une largeur exceptionnelle avant de se séparer en deux bras : la Grande et la Petite Neva. C'est ici que se trouvait jadis le port de Saint-Pétersbourg, ce dont témoignent les colonnes rostrales encadrant la place de la Bourse

Colonnes rostrales★

Rostralnye kolonny/Ростральные колонны

Ces deux colonnes de granit rouge, hautes de 32 m, servaient à l'origine de phares pour guider les bateaux qui arrivaient au port. Érigées à la gloire de l'empire, elles sont décorées selon la tradition romaine de « rostres » (éperons de navires), symboles de victoires navales. Les figures sculptées sur les piédestaux symbolisent quatre grands fleuves russes : la Neva, la Volga, le Volkhov et le Dniepr. Devenues des points de repère de la ville, elles sont illuminées lors des grandes fêtes nationales.

Birjevaïa plochtchad★

Биржевая площадь

Pour créer la **place de la Bourse**, il fallut prolonger l'extrémité de l'île de 150 m. Les pentes douces, qui viennent se rejoindre au bord de l'eau, servaient initialement au chargement et déchargement des bateaux.

Construite en 1810 sur le modèle des temples grecs de Paestum (Italie), la **bourse du commerce** est ornée d'une figure allégorique de Neptune rappelant l'importance du commerce maritime pour la ville.

OUNIVERSITETSKAÏA NABEREJNAÏA★★

Университетская набережная

Le **quai de l'Université** offre de remarquables points de vue sur l'Amirauté et la cathédrale St-Isaac. Il est bordé de splendides édifices du 18e s. qui constituent une suite presque ininterrompue de musées. Au n° 17, l'**Académie des beaux-arts**, toujours en activité, se visite et, outre les collections, on y voit souvent les étudiants travailler dans la grande salle des plâtres.

Musée de Zoologie★

(Zoologitcheski mouzeï/ Зоологический музей)

Ouniversitetskaïa nab. 1 - ✆ (812) 328 01 12 - www.zin.ru - tlj sf mar. et 2e mer. du mois - 11h-18h - 250 Roub.

Installé dans l'entrepôt des douanes, ce musée d'histoire naturelle au charme désuet amusera petits et grands avec ses innombrables vitrines mettant en scène des animaux empaillés dans leurs habitats. Il y a même une petite collection d'insectes vivants, nombre d'animaux du Grand Nord et un cheval ayant appartenu à Pierre le Grand, mais le clou de la visite est le squelette d'un mammouth, découvert en 1900 en Sibérie, vieux de 45 000 ans.

Kounstkamera★★

Кунсткамера

Ouniversitetskaïa nab. 3 - ✆ (812) 328 14 12 - www.kunstkamera.ru -tlj sf lun. et dernier mar. du mois 11h-18h - 300 Roub. - visite de l'observatoire sur réservation.

Ce **musée d'Anthropologie et d'Ethnographie** est situé dans un bel édifice construit entre 1718 et 1734 par Georg Mattarnovi. Outre l'Académie des sciences, la bibliothèque et l'observatoire, le lieu abrita le célèbre « **cabinet des curiosités** » créé par Pierre le Grand. En 1717, il acquit, sur les conseils du philosophe Leibniz, la collection de préparations anatomiques du professeur Frederik Ruysch (bébés siamois, mouton à deux têtes et autres fœtus difformes conservés dans du formol). Cette collection est en partie visible dans la rotonde centrale du musée, avec d'autres curiosités, comme le squelette du géant Nicolas Bourgeois (2,27 m). Mais l'essentiel des collections est consacré aux **civilisations du monde**, présentées à travers des objets de la vie quotidienne et des reconstitutions d'intérieurs – celles relatives aux **pays d'Asie** sont particulièrement riches.
Le deuxième niveau est consacré au savant **Mikhaïl Lomonossov★** (*p. 166*), qui travailla ici de 1741 à 1765. On voit ses livres, ses objets personnels, des instruments scientifiques uniques, etc. Plus haut, l'observatoire abrite le **globe-planétarium de Gottorp★**. Ornée d'une carte du ciel et dotée d'un

ÎLE VASSILIEVSKI
ВАСИЛЬЕВСКИЙ ОСТРОВ
0 100 200 m
SE LOGER
Art-Hotel Trezzini 14
SE RESTAURER
Buterbrodskybar 15
Grad Petrov 24
Pryanosti & Radosti 12
FAIRE UNE PAUSE
Brasserie Kriek 8
PERSPECTIVE NEVSKI
FORTERESSE PIERRE ET PAUL
AMIRAUTÉ
ÉGLISE DE L'ASCENSION
ERARTA
Malaïa Neva
Малая Нева
Bolchaïa Neva
Большая Нева
Birjevoï most
Dvortsovy most
Дворцовый мост
Birjevaïa pl.
Strelka
Colonnes rostrales
Musée de Zoologie
Kounstkamera
Ancienne Bourse
ACAD. DES SCIENCES
INSTITUT DE LITTÉRATURE RUSSE
Bibl.que de l'Acad. des Sciences
Makarova nab.
Макарова наб.
Pl. Akademika Sakharova
Пл. Академика Сахарова
Douze Collèges
PALAIS PIERRE II
Palais Menchikov
Filologuitch. per.
Mendeleievsk. linia
Менделеевск. линия
Birjevaïa linia
Биржевая линия
Birjevoï per.
Биржевой пер.
Volkhovski per.
Волховский пер.
Tifliskaïa oul.
Тифлисская ул.
Toutchkov per.
Тучков пер.
Roumiantsevski skver
Ounversitetskaïa nab.
Académie des Beaux-Arts
pl. Trezzini
пл. Трезини
Ste-Catherine
Siezdovskaïa i 1 linii
Съездовская и 1 линии
oul. Repina
ул. Репина
2 и 3 линии
4 и 5 линии
6 и 7 линии
8 и 9 линии
6 i 7 linii
8 i 9 linii
10 i 11 linii
Voljski per.
Волжский пер.
Akademitcheski per.
Академический пер.
Sredni prosp.
Средний просп.
Bolchoï prosp.
Большой просп.
St-Michel
St-André
Vassilieostrovskaïa
Василеостровская
Neva

La révolte des artistes et le groupe des Ambulants

Au n° 17 du quai de l'Université se dresse le bâtiment de l'Académie des beaux-arts (1788) où ont été formés nombre de peintres, de sculpteurs et d'architectes qui firent la gloire de la Russie. En 1870, le scandale éclata : des élèves refusèrent de passer le concours, protestant contre le dogme officiel porté exclusivement sur le passé mythologique. Ainsi naquit le groupe des Ambulants, artistes engagés qui organisèrent des expositions itinérantes – d'où leur nom – souhaitant mettre l'art au service de la société et dénonçant la misère du peuple. Les chefs de file furent Vassili Perov et Ivan Kramskoï. Le plus connu est sans doute Ilia Repine.

mécanisme, la voûte donnait l'illusion du mouvement des étoiles.

Douze Collèges★

Dvienadtsat Kolleguiï/Двенадцать коллегий

7-11 Ouniversitetskaïa nab.

Le gracieux bâtiment baroque de l'université accueillait à l'origine les douze départements ministériels institués par Pierre le Grand : le **Sénat**, le **saint synode** et les **dix collèges** (ministères). L'unité architecturale de sa façade symbolisait l'unité du gouvernement.

PALAIS MENCHIKOV★★

Menchikovski dvorets/ Меншиковский дворец

Ouniversitetskaïa nab. 15 - ✆ (812) 571 34 20 - www.hermitagemuseum.org - tlj sf lun. 10h30-18h (21h merc. et vend.) - 300 Roub. - audioguide en anglais 150 Roub. - visite guidée sur réserv.

Construit entre 1710 et 1714 et considéré comme l'un des plus anciens bâtiments de la ville, le palais d'**Alexandre Menchikov** (1673-1729), ami d'enfance de Pierre le Grand et premier gouverneur de Saint-Pétersbourg, conserve une remarquable collection de meubles et d'objets du 18e s. qui témoignent des influences occidentales en Russie. De style baroque, l'édifice était entouré d'un immense parc, agrémenté de jets d'eau et de statues. Le tsar aimait vivre dans son modeste palais d'Été *(p. 21)* mais c'est dans la résidence du gouverneur, aussi nommée **palais des Ambassadeurs**, qu'il donnait de grandes fêtes et recevait des hôtes de marque. Après la mort du tsar et la disgrâce de Menchikov, le palais, affecté au corps des cadets, connut plusieurs réaménagements.

Plus de trente salles superbement restaurées sont visibles aujourd'hui. Parmi les plus intéressantes : celles recouvertes de carreaux de **faïence de Delft** d'une facture et d'une diversité remarquables, la **salle de noyer** (bureau de Menchikov), avec ses magnifiques boiseries et son plafond peint, celles remplies de ravissantes **chinoiseries**, comme le voulait alors la mode. Remarquez la rampe de l'**escalier d'honneur** ornée des monogrammes entrelacés du tsar et de son ami.

Sur l'île Vassilievski, le musée d'Anthropologie et d'Ethnographie.
W. Buss/AGF RM/age fotostock

À l'écart du centre

Éloignés du cœur historique, ces sites n'en méritent pas moins une visite. Chacun d'entre eux est isolé dans un quartier qui n'offre guère d'autres points d'intérêt pour les touristes. S'y rendre permet cependant d'appréhender d'autres facettes de cette cité dont on aurait tôt fait de croire qu'elle ne compte que des palais... Ces lieux évoquent aussi, chacun à sa manière, une page d'histoire importante dans la jeune existence de Saint-Pétersbourg.

Plan détachable E 6-7-8, GH 3-4 et 6-7.

MOSKOVSKI PROSPEKT

Московслий проспект

Il y a de fortes chances pour que vous arriviez et quittiez Saint-Pétersbourg en taxi par la **perspective de Moscou**, large avenue qui relie la ville à l'aéroport Poulkovo. Cet axe, stratégique dès l'époque de Pierre le Grand, reliait l'ancienne capitale, considérée comme l'incarnation d'une Russie immobile, à la nouvelle, en mouvement vers l'Europe occidentale. En partant du centre-ville, les palais et les façades colorées s'évanouissent une fois franchi le canal de la Fontanka. Les immeubles se font l'écho de la fièvre de construction qui s'empara de Saint-Pétersbourg au tournant du 20e s., alors que la cité russe était une puissance industrielle et bancaire. Après le canal Obvodny, frontière sud de la ville au 19e s., on laisse à gauche le **monastère et le cimetière de Novodevitchi** *(n° 100)* pour parvenir à l'**arc de triomphe de**

L'architecture en 3D

Dans les années 1920, les architectes adeptes du ***constructivisme*** *ont envisagé les formes, en les géométrisant selon une vision cubiste et en les appuyant sur un discours social et politique. Résultat, beaucoup d'invention et un laboratoire d'idées qui puise dans le fonctionnalisme de Le Corbusier autant que dans les trouvailles du Bauhaus. De brillants architectes ont œuvré à Saint-Pétersbourg, en particulier* ***Noi Trotsky****, le père de la maison des Soviets. Autant le bâtiment étendard de la perspective Moskovski était gagné (certains disent gangréné) par le retour au classicisme, autant ses bâtiments encore visibles sur la perspective Stachek sont constructivistes pur jus !*

Le ***quartier Kirov****, qui se déploie à l'est du palais de justice, s'est développé dans les années 1920 et conserve quelques exemples intéressants de bâtiments constructivistes (Ⓜ Narvskaïa ligne 1) :* ***Bains Ouchakov*** *(1930 - Tourbinnaïa oul. 13) ;* ***palais de la Culture Gorki*** *(Statchek pr. 4) ;* ***Lycée n° 384*** *(Statchek pr. 5) ;* ***bâtiment administratif du district de Kirov*** *(N. Trotsky, 1938 - pl. Kirovskaïa).*

Le martyre de Leningrad

En 1945, l'URSS déplore la mort d'au moins 22 millions de personnes, la destruction de 1 700 villes, 70 000 villages, 6 millions de maisons... À Leningrad, la situation est plus particulière encore : encerclée par l'armée allemande dès septembre 1941, la ville a subi un siège de près de neuf cents jours, l'épreuve la plus terrible de son histoire. Pris de court, les habitants ne furent que rarement évacués ; néanmoins, pendant toute cette période dramatique, certains entreprirent, au compte-gouttes et en hiver, le voyage sur la « route de la vie » jusqu'au lac Ladoga, à 45 km à l'est : traversant le plan d'eau gelé à bord de camions, ils réussirent parfois à échapper à l'enfer... Fin janvier 1944, lorsque le blocus fut enfin brisé, la cité avait perdu un million d'habitants, pour la plupart morts de faim, soit un tiers de sa population ; elle avait gagné, maigre consolation, le titre de « ville héroïque » et un sacré esprit de résistance.

Moscou, structure monumentale en fonte, élevée en 1836 dans le style néoclassique à la gloire de l'armée russe qui venait de vaincre les Turcs.
Le cylindre du **palais de justice** *(n° 129)*, traversé par le parallélépipède rectangle de sa tour, incarne la vision radicalement neuve de l'architecture **constructiviste** des années 1920-1930 dans son recours aux formes géométriques.
Deux kilomètres plus loin, parenthèse contemporaine dans le défilé soviétique qui s'annonce, le nouveau bâtiment de la **bibliothèque nationale** *(n° 165)* apparaît à votre droite, précédé de sa colonnade en rotonde. Face au **parc Pobedy** (parc de la Victoire, très belle station de métro), il s'inscrit parfaitement dans l'avenue par ses formes classiques réconciliées avec l'héritage du constructivisme.
Le cortège des **immeubles staliniens** s'impose alors de part et d'autre de l'avenue. Ils datent pour leur majorité des années 1950, alors que Saint-Pétersbourg construisait à tour de bras, faisant face à une crise de logement sans précédent. Sur les plus beaux d'entre eux fleurit le répertoire classique : colonnes, chapiteaux, corniches ornées.

Maison des Soviets

Hors plan *Moskovskaïa pl.*
C'est un exemple éloquent de l'architecture stalinienne qui récupère dans les années 1930 l'héritage du **classicisme** en le greffant sur l'élan constructiviste des années 1920. Construit entre 1936 et 1941, hautement symbolique, ce bâtiment administratif et la place qui l'entourent étaient censés constituer le nouveau centre de la ville, qui tournait le dos à un passé démodé. Revanche sur l'histoire, l'heure était à Moscou (« mère des terres russes », redevenue capitale en 1918), Staline venait de décapiter les têtes gênantes à Leningrad, et ce qui restait d'énergie à cette cité, composée à 57 % d'ouvriers, se concentrait vers la soviétisation de la ville, au détriment du centre historique, dont on rebaptisa les monuments insignes (la perspective Nevski devint l'« avenue du 25 Octobre »).

P. Wysocki/hemis.fr

Le monument aux Héros sur la place de la Victoire.

L'austérité gagne peu à peu l'avenue bordée d'immeubles typiques de l'**architecture soviétique** des années 1960, où le béton et les lignes simples (pour ne pas dire mornes) accompagnent la politique établie par Khroutchev, qui souhaitait revenir sur les « excès » de l'architecture stalinienne (observez, par exemple, les files de bâtiments en haut desquels se distinguent les verrières d'ateliers d'artistes).

PLOCHTCHAD POBIEDY★★

Площадь Победы

Hors plan Loin des fastes de la ville de Pierre, la **place de la Victoire** commémore le souvenir terrible du long siège de Léningrad. Durant trois ans, quatre mois et dix-neuf jours, la population, coupée du reste du monde, subit les bombardements incessants, l'isolement, la faim, le froid... Un million de morts plus tard, la ville libérée de l'emprise allemande n'a plus que ses pierres pour pleurer les siens. Exaltant l'héroïsme de tout un peuple, l'endroit suscite en dépit de son caractère éminemment soviétique une émotion réelle.

MONUMENT AUX HÉROS DE LA DÉFENSE DE LENINGRAD★★

Monoument guéroïtchesskim zachtchitnikam Leningrada/

Монумент героическим защитникам Ленинграда
Hors plan *Pl. Pobiedy - Ⓜ Moskovskaïa (ligne 2).*
Le grand obélisque de granit rouge se repère de loin. Il est entouré de statues figurant des héros types, militaires et civils, qui s'illustrèrent dans la défense de la ville assiégée pendant la **Seconde Guerre mondiale**. La composition d'ensemble suit un schéma en cercle brisé qui symbolise la rupture du blocus. Depuis son inauguration en 1975, la flamme du souvenir n'a cessé d'y brûler.

Salle du Souvenir★

Pamiatny zal/Памятный зал
(812) 371 29 51 - tlj sf merc. 10h-18h (17h mar. et ven.) - 250 Roub.
Situé en contrebas, le lieu impressionne par son ambiance recueillie et solennelle. Éclairée par 900 petites lampes, une pour chaque jour du blocus, la salle est plongée dans une demi-pénombre, tandis que des haut-parleurs diffusent une musique rythmée par un métronome : c'est le cœur de la cité qui continue de battre malgré l'épreuve. On observe, parmi les souvenirs présentés, un programme de la *Septième Symphonie* créée par **Chostakovitch** en 1942 *(p. 38)*, des cahiers et des dessins d'écoliers, etc. Les noms de 650 personnes qui reçurent après la guerre le titre de **héros de l'Union soviétique** sont gravés en lettres d'or sur les murs. Malgré les années et la chute du régime soviétique, le souvenir de l'épisode demeure vivace.

ÉGLISE DE TCHESMÉ★

Tchesmenskaïa tserkov/ Чесменская церковь
Hors plan *Lensoveta oul. 12 - Ⓜ Moskovskaïa (ligne 2)- tlj 9h-19h - gratuit. En sortant du métro descendez Moskovski pr. et tournez à droite dans Aviatsionnaïa oul. puis à gauche.* Cette église, construite en 1780 pour célébrer la victoire des Russes sur les Turcs à Tchesmé, offre une vision inattendue dans ce quartier stalinien, avec ses allures de pâtisserie rose. Dans le cimetière reposent les soldats tombés pendant la Seconde Guerre mondiale.

LAURE ALEXANDRE-NEVSKI★★

Aleksandro-Nevskaïa Lavra/ Александро-Невская Лавра
H6-7 *Ⓜ Plochtchad Aleksandra Nevskovo (lignes 3 et 4). La laure est située tout au bout de la perspective Nevski. L'entrée se trouve en face de la sortie du métro.*
Bon à savoir – N'hésitez pas à déjeuner dans la petite cafétéria de la laure. Elle ne paie pas de mine, mais on y sert une cuisine simple et bonne.
Peuplé de moines et fréquenté par les fidèles venant s'agenouiller devant les reliques de saint Alexandre Nevski, ce vaste ensemble, entouré de murailles et de fossés, compte onze églises et quatre cimetières, dont certains constituent une véritable nécropole artistique. Haut lieu de spiritualité, le monastère est baigné d'une ferveur particulière.

La laure Alexandre-Nevski.

Cimetière St-Lazare★★

Lazarevskoïe kladbichtché/ Лазаревское кладбище

✆ (812) 274 26 35 - www.gmgs.ru/contacts/worktime - 9h30-18h - 200 Roub.

Situé à gauche de l'allée centrale, contemporain de la fondation de la laure, c'est le plus ancien lieu de sépulture de la ville. Il abrite les tombes de personnalités liées à la ville : celle des architectes **Rossi**, **Quarenghi**, **Voronikhine**, des sculpteurs **Choubine** et **Martos**, du savant **Lomonossov** et du mathématicien suisse **Leonhard Euler**, qui travailla longtemps pour l'Académie des sciences de Saint-Pétersbourg. Ce lieu de mémoire qui cache des trésors de sculpture funéraire invite à une agréable promenade, si l'on arrive à faire abstraction de la façade sans âme de l'hôtel Moskva, juste en face.

Cimetière de Tikhvine★★

Tikhvinskoïe kladbichtché/ Тихвинское кладбище

9h30-21h (18h jeu.) - 200 Roub.

De l'autre côté de l'allée, ce cimetière (1823) présente un aspect beaucoup plus ordonné que celui du cimetière St-Lazare. Agrémenté de pelouses et de grands arbres, il abrite les sépultures de compositeurs célèbres comme **Tchaïkovski** (beau monument veillé par deux anges), **Moussorgski**, **Rimski-Korsakov**, mais aussi celle du chorégraphe **Marius Petipa** *(p. 157)*

Un geste politique

En 1710, Pierre le Grand fit élever un monastère au bord de la Neva, à l'endroit présumé où, en 1240, le prince de Novgorod, Alexandre Nevski, remporta une victoire militaire décisive sur les Suédois. Cette réalisation visait à consolider l'importance de la future capitale, tout en liant son histoire à celle de la Russie. Alexandre Nevski, canonisé au 14e s., devint alors le patron de la ville, où ses reliques furent transférées le 30 août 1724, jour de la signature du traité de Nystad, consacrant une nouvelle victoire de la Russie sur la Suède. Pierre le Grand se posait ainsi en successeur de Nevski. Le monastère reçut le titre de laure en 1797, désignation réservée aux monastères orthodoxes de haut rang, après être devenu résidence du métropolite et siège des académies ecclésiastiques.

ou de l'écrivain **Dostoïevski** *(p. 60)*. Les tombes sont largement fleuries.

Cathédrale de la Ste-Trinité★★

Sviato-Troïtski sobor/Свято-Троицкий собор

www.lavra.spb.ru - 5h45-20h - photos et vidéos interdites à l'intérieur.

Dominant une vaste cour entourée de beaux bâtiments monastiques rouge et blanc, la Ste-Trinité est l'une des cathédrales les plus importantes de la ville. Construite par **Ivan Starov** à la fin du 18e s., elle est fort éloignée de la tradition orthodoxe, avec son dôme unique et ses deux tours-clochers qui encadrent la façade classique.

Le somptueux décor intérieur inclut un autel en agate rouge et en marbre blanc, décoré de tableaux de **Rubens** et de **Van Dyck**. À droite de l'autel, sous un baldaquin en bois doré, un reliquaire en argent renferme les restes de saint Alexandre Nevski (son tombeau en argent massif est exposé à l'Ermitage).

La cathédrale est entourée de cimetières : devant la façade, le **Terrain communiste** regroupe des tombes de victimes de la guerre civile et de dirigeants communistes locaux. Le **cimetière St-Nicolas**, situé derrière la cathédrale, fut ouvert en 1861. Il abrite quelques tombes récentes, comme celle d'Anatoli Sobtchak, premier maire élu de Saint-Pétersbourg en 1991, mort en 2000.

ENSEMBLE SMOLNY★★

Ansambl Smolnovo monastyria/ Ансамбль Смольного монастыря

H3-4 *Entrée libre sur le territoire du monastère - bâtiments monastiques fermés à la visite.*

Pl. Rastrelli - Ⓜ Tchernychevskaïa (ligne 1) puis 40mn de marche. Bus 46 et 134, et minibus K76. Le taxi est le moyen le plus pratique d'y accéder.

Bon à savoir – Il n'y a aucun endroit où se restaurer dans les environs.

Surgissant comme une vision presque irréelle, au bout d'une large avenue sans âme, ce magnifique ensemble baroque créé par **Rastrelli** se compose d'une **cathédrale** qui se dresse en son centre et de **bâtiments monastiques** disposés en parfaite symétrie ; dans ce lieu occupé à l'origine par un entrepôt de goudron *(smola)* destiné au colmatage des navires, l'impératrice Élisabeth fonda un couvent où elle pensait un jour se retirer. Quatre petites églises, situées dans les angles intérieurs du mur d'enceinte, soulignent l'aspect majestueux de la cathédrale qui s'élance vers le ciel. Les bâtiments qui l'entourent accueillent aujourd'hui diverses administrations.

Cathédrale de la Résurrection★★

Voskressenski sobor/ Воскресенский собор

✆ (981) 187-00-51 - 7h-20h - accès au clocher : 07h-20h.

Gracieux et léger, le chef-d'œuvre de **Rastrelli** conjugue avec bonheur le style baroque tardif et les éléments proprement russes, comme les cinq clochers à bulbes traditionnels et les couleurs vives. D'une blancheur immaculée, l'intérieur contraste avec l'exubérance festive de l'architecture extérieure. La cathédrale sert aujourd'hui de salle d'exposition. Des concerts de musique classique s'y déroulent régulièrement *(programme à la caisse)*.

Les plus courageux monteront au **clocher** (68 m), d'où se déploie une **très belle vue**★★ sur la ville et la boucle de la Neva.

Institut Smolny - Musée-mémorial★

Smolny Institout-Memorialny mouzeï Smolnogo/Смольный Институт-Мемориальный музей Смольного

✆ (812) 276 74 61/7746 - visite sur réserv. uniquement auprès d'une agence de voyages - passeport obligatoire.

La construction du couvent n'était pas encore achevée que Catherine II lui fit adjoindre un **pensionnat** pour les jeunes filles de la noblesse à la façon du St-Cyr de Mme de Maintenon. Installé d'abord dans le couvent, il fut transféré dans ce bâtiment de style néoclassique, austère et solennel (1808) : la fantaisie et la couleur du baroque étaient passées de mode. Ce fut le premier établissement d'enseignement féminin de Russie. Sur la façade, l'aigle bicéphale a remplacé les armoiries de l'URSS, mais la statue de **Lénine** trône toujours dans la cour.

À **l'intérieur**, on visite l'historique salle des fêtes où, dans la nuit du 25 au 26 octobre 1917, fut proclamé le pouvoir des soviets, le cabinet de travail où Lénine signa les premiers décrets du gouvernement soviétique, et la chambre qu'il occupait avec sa femme, Nadejda Kroupskaïa.

Dans le jardin, les bustes de **Marx** et d'**Engels** sont toujours à l'honneur. Au bout de l'allée centrale, les propylées furent construits au milieu des années 1920 pour donner de la solennité à l'ensemble. Ils portent des plaques commémoratives rappelant les nombreuses décorations attribuées à la ville de Leningrad par le gouvernement soviétique. L'allée mène à une vaste place bordée d'immeubles administratifs où règne une ambiance nettement soviétique. La place a gardé le nom de **Place-de-la-Dictature-du-Prolétariat** qui lui sied à merveille !

Palais des environs de Saint-Pétersbourg★★★

Dès la première moitié du 18e s., les environs de Saint-Pétersbourg se sont couverts de palais et de parcs somptueux où les tsars et leurs proches séjournaient les mois d'été. Ces fastueuses résidences composent le collier de perles de l'ancienne capitale impériale. Ne partez pas de Saint-Pétersbourg sans découvrir au moins l'une de ces merveilles.

Plan p. 92.

▶ **Conseil :** Si vous ne pouvez consacrer qu'un jour aux palais impériaux, il vous faudra choisir. Avec son parc donnant sur la Baltique et ses prodigieuses fontaines, Peterhof ne connaît pas d'équivalent dans le monde. Toutefois, certains préféreront à cet endroit hautement touristique le charme tranquille du parc à l'anglaise de Pavlovsk, situé non loin du spectaculaire Tsarskoïe Selo *(ces deux palais peuvent se visiter dans la même journée).*

PETERHOF★★★

Petergof/Петергоф

(812) 450 52 87 (mai-oct.) - www.peterhofmuseum.ru -

Parcs *: mai-oct. 8h-21h - parc supérieur gratuit.*

Accès : À la belle saison, si le temps le permet, on peut emprunter l'**hydroglisseur** « Météores », le moyen le plus agréable de se rendre à Peterhof. On débarque à l'extrémité du canal maritime qui traverse le parc inférieur. Embarquement face à l'Ermitage, au *Cavalier de bronze* et au croiseur *Aurore*. Traversée 30mn - nevatrip.ru - mi-mai- oct. : départ env. ttes les h, 10h-16h30h - 1590 Roub. AR. Retour : embarquement à l'extrémité du canal maritime du parc de Peterhof 14h30-18h30.

Toute l'année, on peut accéder au site en **bus**. Du Ⓜ Avtovo : minibus (*marchroutka*) K-224, K-300 et K-424. ou bus 200, 210 ; du Ⓜ Leninsky Prospekt : minibus K-103 et K-420 ; du Ⓜ Prospekt Veteranov minibus K-343 et K-639.

On peut aussi arriver **en train** (*electritchka*). Train de la gare Baltiski jusqu'à la station Novy Peterhof puis bus 356 ou 351-A. Durée du trajet en train 45mn : départ ttes les 30mn en été (1h le reste de l'année).

Bon à savoir – Les fontaines et la plupart des pavillons extérieurs ne sont accessibles qu'entre mai et septembre *(dates mobiles, vérifiez sur le site Internet)*. Choisissez bien votre moment et privilégiez l'accès par le canal si vous souhaitez profiter de l'arrivée spectaculaire par le parc inférieur, au pied du Grand Palais.

Pour une visite approfondie, mieux vaut arriver par la route, traverser le parc supérieur et atteindre l'entrée du palais. Chaque jardin, palais, pavillon est soumis à un droit d'entrée et l'addition monte vite. Les différents lieux ouverts à la visite ont des horaires quelque peu capricieux et ferment bien avant le parc. Vous trouverez dans le parc tous types de restauration.

Histoire

Rival nordique de Versailles, dont il s'inspire et qu'il surpasse par l'ingéniosité et l'abondance de ses fontaines, **Peterhof** (parfois appelé par son nom soviétique, **Petrodvorets**) déploie ses atours au bord de la Baltique. À la beauté des édifices répondent, de mai à septembre, l'exubérance féerique de milliers de jets cristallins et fontaines-surprises à travers les jardins.

Pierre Ier, qui lui donna son nom (de *Piterhof*, « Cour de Pierre », en néerlandais), est à l'origine de cette merveille. En 1714, décidé à faire construire un petit palais sur la rive sud du golfe de Finlande, à 29 km de Saint-Pétersbourg, il en dessine lui-même les plans et tire parti du lieu, en surplomb de la mer. Il confie les travaux à l'architecte français **Jean-Baptiste Le Blond**, élève de Le Nôtre. Plus de 5000 personnes travaillent à l'aménagement du parc, à la construction du palais et à l'élaboration du système d'adduction d'eau, amenée depuis les hauteurs de Ropcha, à 22 km de là. Les références françaises se multiplient (Versailles, que Pierre le Grand visite en 1717, Monplaisir, Marly, pavillon de l'Ermitage). L'inauguration de Peterhof a lieu en 1723. Le domaine ne cesse ensuite de s'agrandir et de s'enrichir en œuvres d'art, suscitant l'admiration des visiteurs.

Durant deux siècles, le Grand Palais fut la résidence d'été officielle des empereurs de Russie. Après la révolution d'Octobre de 1917, il fut transformé en musée, avant d'être quasiment détruit par les Allemands pendant la Seconde Guerre mondiale. De longs travaux furent nécessaires pour le reconstruire.

Grand Palais★★

Bolchoï dvorets/Большой дворец

Guichet pour les étrangers à l'intérieur du palais, à droite après les vestiaires. Mai-oct. : 12h-14h30, 16h15-19h45 (les billets pour les entrées après 18h peuvent être achetés en ligne) ; nov.-avr. : 10h30-18h - fermé lun. et dernier mar. du mois - 1000 Roub.

Outre Le Blond, plusieurs architectes se sont succédé pendant la construction et l'aménagement du Grand Palais, dont **Johann-Friedrich Braunstein**, mais la décoration intérieure a gardé l'esprit baroque et l'imagination exubérante de **Francesco Bartolomeo Rastrelli**.

Au sobre palais de Pierre Ier, Rastrelli ajouta deux ailes symétriques (l'une se termine par une chapelle, l'autre par le pavillon du Blason).

La visite se poursuit dans les salles d'apparat, où l'on admire ses créations luxueuses de style rococo (**escalier d'honneur★★** et **salle de bal★★**) et d'autres grands décors de style néoclassique★★★ ajoutés

Peterhof, la Grande Cascade.

sous le règne de Catherine II (salle du trône, salle à manger blanche, cabinets chinois). Les **appartements impériaux★★** prolongent la visite, jusqu'au **cabinet de chêne★★**, paré de magnifiques lambris, seule pièce du palais à avoir conservé la décoration originelle de Le Blond.

Parc inférieur★★★

Nijni park/Нижний парк

Mai-oct. 8h-21h - nov.-avr. 9h-18h - 900 Roub., entrée libre après 17h et nov.-avr.

Tourné vers la Baltique, le parc inférieur est réalisé selon le principe de symétrie qui se révèle dans la disposition de fontaines identiques, situées aux croisements des allées. Chaque cascade correspond à un palais ou un pavillon. La plus somptueuse est la **Grande Cascade★★★** *(11h-19h, 500 Roub.)*, aménagée en contrebas du Grand Palais. Au milieu de la vasque centrale s'élève une statue de Samson, héros biblique, combattant un fauve qui crache un jet d'eau de 20 m de haut. La cascade rejoint le canal maritime qui coupe le parc selon un axe nord-sud en deux parties agrémentées de jets d'eau.

ENVIRONS DE ST-PÉTERSBOURG

W. Buss/age fotostock

Tsarskoïe Selo : Grand Palais de Catherine.

Du pont jeté à travers le canal maritime s'ouvre une **vue★★★** dite « perspective classique » : au sud, le Grand Palais et la Grande Cascade ; au nord, le golfe de Finlande et, dans la brume, l'île de Cronstadt ; à l'est et à l'ouest, l'allée principale de Marly ornée des **fontaines d'Adam et Ève**.
Dans la partie orientale du parc se trouvent : le palais de **Monplaisir★★**, incluant l'**aile Catherine★★** *(Catherine Block - fermé jusqu'en 2021 pour travaux de rénovation)*, la **cascade de l'Échiquier**, où l'on voit trois dragons vomir des flots bouillonnants et, plus bas, les fontaines-surprise, qui arrosent inopinément ceux qui s'en approchent trop près ; dans la partie occidentale : le **palais de Marly★** *(tlj sf lun. 10h30-18h - fermé nov.-avr. - 400 Roub)*, le **pavillon de l'Ermitage★** *(tlj sf mar. 10h30-18h - fermé nov.-avr. - 400 Roub.)*, la **cascade de la Montagne d'or★★** et la **cascade des Lions★**, surmontée d'une imposante colonnade en granit gris et marbre blanc.

TSARSKOÏE SELO (POUCHKINE)★★★

Царское Село (Пушкин)
(812) 465 94 24 - eng.tzar.ru.
Accès : En **train** *(electritchka)* de la gare Vitebski (Ⓜ Pouchkinskaïa), départ toutes les 20mn, arrêt

L'énigme du Cabinet d'ambre

Offert à Pierre le Grand par le roi de Prusse Frédéric-Guillaume Ier en 1716, le Cabinet d'ambre émerveilla les visiteurs du palais de Catherine pendant près de deux siècles. Lors de l'occupation allemande, il fut démonté par les nazis et « rapatrié » à Königsberg. À l'issue de la guerre, les Soviétiques ne trouvèrent nulle trace dudit cabinet lorsqu'ils occupèrent la ville. Après plus de trente ans de vaines recherches, le gouvernement de l'URSS se résolut à le reconstruire à l'identique. Reconstitué pendant une vingtaine d'années, le Cabinet d'ambre fut achevé grâce à la somme de trois millions de dollars offerte en réparation des dommages de guerre par la société allemande Rurhgas. Le nouveau Cabinet d'ambre fut officiellement inauguré en mai 2003, pour la fête du tricentenaire de Saint-Pétersbourg, par le président Poutine et le chancelier allemand Gerhard Schröder. Cependant, l'existence du cabinet reconstruit n'a pas mis un terme à la recherche du cabinet disparu, et le sort de la « huitième merveille du monde » reste entouré de mystère.

Dietskoïe Selo (trajet 30mn), puis bus 371, K-342 ou 30mn de marche. En **bus** (*marchroutka*) K-287, K-342,K-545, K-299 depuis le Ⓜ Moskovskaïa (trajet 40mn).

Au 19e s., Tsarskoïe Selo (« bourg du tsar ») fut une ville pionnière en Russie. Desservie dès 1837 par la première voie ferrée du pays, elle fut l'une des premières cités d'Europe à être éclairée à l'électricité (1887). Renommée « **Pouchkine** » pendant la période soviétique, elle garde le souvenir du poète *(p. 22)*, qui étudia au lycée impérial.

Parc de Catherine★★★
Ekatermininski park/Екатерининский парк

Mai.- juil. 9h-23h (22h en août), sept.- avr. 7h-21h- 150 Roub. - gratuit fin oct.-avr.

Composé d'un jardin régulier à la française et d'un parc paysager à l'anglaise, il est peuplé de « folies » et de monuments commémoratifs, à la mode de la fin du 18e s.

Grand Palais de Catherine★★★
Bolchoï Ekaterininski dvorets/ Болшой Екатерининский дворец

Juin-août 12h-19h (lun. et merc. 20h), mai et sept. 12h-18h, avr. et oct. 12h-17h - nov.-mars 10h-17h - fermé mar. et dernier lun. du mois - 1000 Roub., audioguide 200 Roub.- photos et vidéos interdites dans le Cabinet d'ambre.

Il tient son nom de **Catherine Ire**, épouse de Pierre le Grand, qui fit élever un premier petit palais au début du 18e s. Vu de la cour d'honneur, l'édifice tel qu'il apparaît aujourd'hui est l'œuvre de **Rastrelli**. Richement décorée de pilastres, de colonnes, de moulures et de sculptures autrefois dorés à l'or fin, sa façade, en hémicycle, colorée et imposante (300 m de long) lui donne une allure théâtrale. **Catherine II** apposa sa marque en faisant appel à l'architecte écossais **Charles Cameron** (1745-1812), qui ajouta une aile classique : la galerie ionique, dite **galerie de Cameron**. Il remplaça aussi le grand escalier par une salle chinoise décorée de laques anciennes puis transforma salons, cabinets et chambre à coucher, mariant le jaspe à l'agate, le marbre rose et blanc aux bronzes dorés. Du palais, on vantait la **salle de bal**★★, tout en or et en glaces, et surtout le **Cabinet d'ambre**★★★, aux murs revêtus de la précieuse résine (*encadré page de gauche*).

Palais d'Alexandre★★

Alexandrovski dvorets/ Александровский дворец

Fermé pour restauration.

Ouvrant en face de la cour d'honneur, le parc Alexandrovski abrite un palais (1792-1796) de style Empire qui fut l'une des résidences favorites de **Nicolas II** et de sa famille. C'est d'ailleurs ici qu'ils furent assignés à résidence après l'abdication du tsar en 1917, avant d'être transférés à Tobolsk puis à Iekaterinbourg, où ils furent exécutés.

Feodorovsky Gorodok

Akademicheskiy pr. 14 (à 5mn à pied du palais Alexandre et à 20mn du palais Catherine).

Cette ville miniature fut érigée dans le style néorusse à la demande de Nicolas II, à côté de la cathédrale Feodorovsky (1912) voulue par le tsar comme mémorial de la famille Romanov. Sous son dôme étincelant, l'église a retrouvé sa fonction d'origine. En revanche, le Gorodok est en cours de restauration. La promenade autour de ses murs décrépits n'en est pas moins pleine de charme.

Bon à savoir – Pour vous rendre à Pavlovsk, vous pouvez prendre le bus 370 depuis Oranjereïnaïa oul.

PAVLOVSK★★★

Павловск

(812) 452 21 55 - www. pavlovskmuseum.ru.

Accès : **En train**, *Tsarskoïe Selo ;* arrêt Pavlovsk *(trajet 35mn)*, puis bus 370, 372, 375, 383, 493 ou marchroutka 286, 299, 513, 521 ou 20mn de marche à travers le parc. **En marchroutka**, n°299 depuis le Ⓜ Moskovskaïa *(trajet 50mn).*

Histoire

La « résidence de Paul » est à **Paul Ier** ce que Tsarskoïe Selo fut aux deux Catherine. Les terres du domaine de Pavlovsk furent offertes par Catherine II à son fils, futur Paul Ier, et à son épouse, Maria Fiodorovna, à l'occasion de la naissance de leur premier enfant, Alexandre, en 1777. Édifié par Charles Cameron, il fut agrandi en 1796 par Vincenzo Brenna (1741-1820). Pendant les travaux, Paul et son épouse voyagèrent en Europe, où ils acquirent meubles, tableaux, bronzes et porcelaines pour décorer leur future résidence. Ses proportions plus modestes que celles de son gigantesque voisin, ses fenêtres ouvrant sur le parc gracieux lui donnent un aspect charmant, presque intime. Pendant la Seconde Guerre mondiale, les Allemands ravagèrent les lieux, à tel point que des photographies des ruines de Pavlovsk furent produites comme pièces à conviction au tribunal de Nuremberg.

Parc★★★

6h-23h (payant 9h-19h 100 Roub.) - promenade en traîneau pendant

Excursion à Cronstadt

Lorsque Pierre le Grand prit l'île de Kotline aux Suédois en 1703, il s'empressa d'y bâtir une forteresse. Longtemps resté le port principal et le site défensif de Saint-Pétersbourg, ***Cronstadt*** *(Кронштадт), la « ville couronne », abritait le siège du commandement de la flotte de la Baltique. En 1921, elle fut le centre d'un soulèvement armé de marins contre le pouvoir bolchevik, durement réprimé par l'Armée rouge, commandée par Léon Trotski. Aujourd'hui, on s'y rend pour visiter la* ***cathédrale des Marins★*** *(Morski sobor), bâtie en 1913 dans un style néobyzantin, sous une immense coupole (27 m de diamètre) ornée d'ancres et de cordages dorés, qui culmine à 75 m. Le* ***parc Pierre-le-Grand*** *(Petrovskiy park) offre une balade agréable. Des excursions en bateau au départ du port central proposent le tour des différents forts de l'île.*
À 50 km à l'est de Saint-Pétersbourg sur la A-118 KAD (Koltsevaïa Avtomobilnaïa Doroga) et à 30 km au nord de Peterhof sur la A-118 KAD.

l'hiver, ou en calèche pendant l'été, départ au début de l'allée de tilleuls.
Planté sur les deux rives de la Slavianka, ce ravissant parc à l'anglaise, qui s'inscrit dans un domaine de 600 ha, est admirablement dessiné. Ses points de vue variés et ses pavillons procurent au promeneur un moment de détente loin de la foule.

Grand Palais★★★

Bolchoï dvorets/Большой дворец

Appartements d'apparat et appartements privés (tlj. sf mar. et vend.) 10h-17h15 - fermé 1er lun. du mois - 500 Roub.
Une cinquantaine de salles élégantes et raffinées sont ouvertes à la visite. Elles témoignent du goût néoclassique et européen de Paul Ier et de son épouse, Maria Feodorovna, tous deux ardents collectionneurs.

Appartements d'apparat★★★
(1er étage) – Le centre du château est occupé par la somptueuse **salle Italienne**, haute de deux étages. De part et d'autre s'ouvrent les appartements du tsar et de la tsarine, dont le décor a été minutieusement reconstitué. Remarquez en particulier la **salle Grecque**, les **salons de la Paix et de la Guerre**, et le **salon des Tapisseries**. Une grande partie de l'aile sud est occupée par la **galerie de peinture**. Elle débouche sur la **salle du Trône**, la plus grande du palais (400 m²), qui servait aux réceptions d'apparat, comme en témoigne le somptueux service en porcelaine de la Manufacture impériale de Saint-Pétersbourg.
Au rez-de chaussée se situent les **appartements privés★** et les **appartements de l'impératrice Maria Feodorovna★★** *(fermé vend. - 150 Roub. supp.)*. Aménagés après la mort de Paul Ier par Giacomo Quarenghi et Andreï Voronikhine, ces derniers composent un ensemble d'une rare harmonie.
On visite également un **musée de costumes** *(fermé mar. et merc.- 150 Roub. supp.)* et le **musée de l'Intérieur du 19e-début du 20e s.** *(fermé mar.-jeu. - 150 Roub. supp.)*.

Le temple de l'Amitié, dans le parc de Pavlovsk.

ДОЖЕСТВЕННЫЙ САЛОН
НАСЛЕДИЕ

Nos adresses

Se restaurer 100
Prendre un verre 107
Shopping 110
Sortir 116
Se loger 121

Boutique de Souvenirs.
Travel and Still life photography/iStock

Se restaurer

Nombreux sont les établissements à servir de la cuisine russe, des plus simples aux plus sophistiqués, des plus traditionnels – au risque de tomber dans le folklore touristique –, aux plus branchés – quitte à y trouver une cuisine internationale. La mondialisation, qui n'épargne pas Piter, réserve parfois d'heureuses surprises, car elle insuffle une dynamique réjouissante aux recettes de quelques chefs russes inspirés. Les *bistros*, où l'on se restaure rapidement, s'apparentent parfois aux cafés, où vous pourrez commander un plat dans une ambiance décontractée et authentique. La *blinnaïa*, ou crêperie, est spécialisée dans les *blini*, la *pirojkovaïa* dans les *pirojki*, la *konditerskaïa* dans les pâtisseries, la *pivnaïa* dans la bière. Les Russes continuent d'apprécier leur cuisine traditionnelle, à travers les nombreuses chaînes, où l'on se restaure à bon marché. Les restaurants plus formels – mais aussi les *bistros* – proposent parfois, de 13h à 16h, un menu *« business lunch »* très avantageux. Pour le déjeuner, pensez aussi aux restaurants d'hôtels, notamment ceux des palaces, qui sont un moyen d'accéder à des lieux inabordables par ailleurs. En dehors de la gastronomie russe, toutes les cuisines du monde – ou presque – se croisent à Saint-Pétersbourg.

Repas p. 135, Une cuisine haute en saveurs p. 161.

Repérez les adresses sur le plan détachable à l'intérieur de la couverture grâce aux pastilles numérotées (ex. 1). Les coordonnées en rouge font référence à ce même plan.

Bon à savoir – Pour les restaurants sélectionnés, nous indiquons un prix moyen sans boissons.

PALAIS D'HIVER-PALAIS D'ÉTÉ

Plan de quartier p. 18-19

1000-1500 Roub.

18 **La Russ** – **E4** - *Nab. reki Moïki 37 - M Nevski Prospekt - (812) 571 75 91 - www.laruss-spb.ru - 12h-minuit.* Installé dans une cave voûtée, ce restaurant est aussi un cabaret où se produisent souvent chansonniers et artistes *(merc.-dim.)*. La carte propose de très bonnes spécialités russes, ainsi que des plats européens. Excellente ambiance.

6 **Duo Gastrobar** – **F4** - *Kirochnaïa oul. 8a - M Tchernychevskaïa - (812) 994 54 43 - duobar.ru - 13h-minuit.* Deux chefs, comme « Duo », deux compétences associées pour inventer une cuisine où la Russie accueille les saveurs d'ailleurs. Dimitri Blinov et Renat Malikov ont choisi un cadre contemporain qui reste chaleureux pour proposer à un public russe et jeune une délicieuse cuisine à prix très honnêtes. On est surpris et on sort ravi. N'hésitez pas (et réservez).

35 **Yat** – **E5** - *Nab. reki Moïki 16 - M Nevski Prospekt - (812) 957 00 23 - en.eatinyat.com - 11h-23h.* À deux pas du musée

Pouchkine, on s'attable dans ce restaurant accueillant, au décor de dacha, pour déguster des spécialités russes. Spectacles de musique live vend. et sam. soir et salle de jeux pour les enfants avec de vrais lapins.

PERSPECTIVE NEVSKI

***Plan de quartier** p. 32-33*

1500-2000 Roub.

2 **Abrikossov** – **EF5** - *Nevski pr. 40 - Ⓜ Gostiny Dvor - ✆ (812) 312 24 57 - www.abrikosov-spb.com - 9h-23h (café)- 12h-minuit (rest.).* Cet établissement est l'un des rares de la ville à avoir conservé son authentique décor du 19e s. de style chinois. C'est une adresse parfaite pour déjeuner (cuisine russe et internationale) comme pour prendre un thé ou un chocolat accompagné d'une pâtisserie dans l'après-midi.

28 **Gogol** – **E5** – *Mal. Morskaïa oul. 8 - Ⓜ Admiralteïskaïa - ✆ (812) 312 60 97 - www.restaurant-gogol.ru/en - 12h-minuit.* Après la littérature, l'écrivain Gogol nourrissait une passion pour la gastronomie. Ce restaurant, qui recrée l'atmosphère d'une demeure bourgeoise du 19e s., lui rend hommage à travers une carte russe traditionnelle : *sterlet*, koulibiac, champignons marinés... Des plats qu'on ne trouve pas souvent ailleurs.

32 **Goose Goose** – **E5** - *Bol. Koniouchennaïa oul. 27 - Ⓜ Gostiny Dvor - ✆ (812) 928 37 27 - italy-group.ru - 12h-1h.* En bas le bistrot, en haut le restaurant. Sur les deux niveaux, attendez-vous à une très bonne cuisine italienne : à la grande salle confortable du restaurant répond une addition plus salée *(3500 Roub./pers. au minimum)* ; en bas, les prix sont en accord avec la cuisine plus simple, le service jeune et l'endroit tendance branché. Bonne adresse pour un déjeuner rapide.

21 **Katyusha** – **E5** - *Nevski pr. 22 - Ⓜ Nevski Prospekt - ✆ (812) 640 16 16 - en.ginza.ru/spb/restaurant/katyusha - 12h-minuit.* Bien placé sur la perspective Nevski, en face de N.-D.-de-Kazan, ce restaurant, qui fait partie du groupe Ginza Project (plus de 120 restaurants à Saint-Pétersbourg, Moscou, Londres et New York), joue la carte de la maison de campagne, coquette et accueillante. Dans ce cadre agréable, la cuisine est solide et traditionnelle.

20 **Tsar** – **F5** - *Sadovaïa oul. 12 - Ⓜ Gostiny Dvor ou Nevski Prospekt - ✆ (812) 640 16 16 - ginza.ru/spb/restaurant/tsar - 12h-minuit.* Un décor élégant et une cuisine raffinée, inspirée par celle de la cour impériale. On y retrouve les spécialités qu'affectionnait la famille impériale russe, qui semble avoir eu le bec sucré : le pudding à l'orange du tsarévitch Alexis, le gâteau au fromage blanc de sa mère, Alexandra Feodorovna...

PLACE DES ARTS

***Plan de quartier** p. 18-19*

Moins de 1000 Roub.

33 **Jack and Chan** – **F5** - *Injenernaïa oul. 7 - Ⓜ Gostiny Dvor - ✆ (812) 982*

05 35 - www.jack-and-chan.com - 11h-minuit (sam.-dim. 2h). Proche du musée Russe, ce café-restau tendance souvent pris d'assaut rassemble les hipsters pétersbourgeois autour d'une carte où les woks concurrencent les burgers. Ambiance sur fond de musique rock au sein d'un espace décontracté aux accents néo-industriels. Dans l'assiette, rien de russe, c'est dans la salle que ça se passe.

1000-1500 Roub.

4 **Botanika** – ***F4*** - *Pestelia oul. 7 - Ⓜ Gostiny Dvor - ✆ (812) 272 70 91 - www.botanika.spb.ru - 11h-minuit.* Créé par une adepte de l'ayurvéda (« savoir et longévité »), ce joli café à l'ambiance cosy propose une cuisine végétarienne internationale, de délicieux jus de fruits maison, un grand choix de thés. Coin pour les enfants, musique calme et vue sur l'église St-Pantéleïmon. Pour une soirée en douceur.

22 **Tarkhoun** – ***F5*** - *Karavannaïa oul. 14 - Ⓜ Gostiny Dvor - ✆ (812) 571 11 15 - www.restorantarkhun.ru - 12h-minuit.* Cet excellent restaurant de cuisine du Caucase se distingue par son décor sobre, loin du folklore traditionnellement de mise. Son nom, « estragon » en arménien, augure d'une cuisine parfumée et savoureuse. Musique live certains soirs.

1500-2000 Roub.

31 **GRÄS** – ***F5*** - *Injenernaïa oul. 7 - Ⓜ Gostiny Dvor - ✆ (812) 928 18 18 - grasrestaurant.club/english - 12h-23h.* Les traditions russe et scandinave ont beau ne pas être si éloignées, il faut le talent du jeune chef Anton Abrezov pour en harmoniser les saveurs. Les assiettes aux ingrédients originaux sont servies dans un cadre design, minimaliste et élégant, tout ce qu'il y a de plus scandinave. À la même adresse, le bistrot **Medbaren** est plus décontracté.

Plus de 2500 Roub.

3 **Caviar Bar** – ***E5*** - *Grand Hôtel Europe - Mikhaïlovskaïa oul. 1/7 - Ⓜ Gostiny Dvor - ✆ (812) 329 66 51 - www.grandhoteleurope.com - merc.-sam. 12h-23h, dim. 17h-23h - 4500 Roub.* Pour goûter à l'excellence du palace pétersbourgeois dans une salle à l'ambiance feutrée et romantique. Cuisine traditionnelle russe de haute volée et, bien sûr, caviar…

AMIRAUTÉ

Plan de quartier **p. 52-53**

1000-1500 Roub.

11 **Tieplo** – ***D5-6*** – *Bolch. Morskaïa oul. 45 - Ⓜ Admiralteïskaïa - ✆ (812) 570 19 74 - www.v-teple.ru - 9h-0h, w.-end 11h-minuit - tlj de 13h à 16h menu complet à 380 Roub. Tieplo,* comme « chaleureux » en russe, donne le ton du décor cosy de ce lieu, qui s'organise autour d'une jolie cour fleurie où les enfants trouvent des coins de jeu. La carte variée compte des plats russes, des spécialités italiennes ou des assiettes plus exotiques (poulet sauce mangue, nouilles sautées aux crevettes, etc.). Adresse prisée, mieux vaut réserver.

Le Grand Hôtel Europe.

16 **Butilka** – ***D6*** - *Nab. Admiralteyskovo Kanala 2 (Nouvelle-Hollande) - (812) 245 20 35 - bottlehouse.ru/main_eng - 8h-23h, vend. et sam. 8h-2h.* Logée dans la prison reconvertie de la Nouvelle-Hollande, la « Bouteille » accueille au rez-de-chaussée des points de restauration thématique pour tous les goûts : cuisine géorgienne, japonaise, israélienne, mexicaine, New York style deli, burger bar, etc.

25 **L'Idiot** – ***D6*** - *Nab. reki Moïki 82 - Ⓜ Admiralteïskaïa ou Sadovaïa - (812) 946 51 73 - www.idiot-spb.com - 11h-1h.* Précurseur dans le genre café bohème meublé brocante, attirant une clientèle d'étudiants et d'expatriés, ce restaurant qui compte plusieurs salles propose une carte variée à dominante végétarienne. L'ambiance accueillante et un petit verre de vodka offert le soir vous donneront envie de revenir.

2 000-2 500 Roub.

23 **CoCoCo** – ***D5*** - *SO/Sofitel Hôtel Voznesenski pr. 6 - Ⓜ Admiralteïskaïa - (812) 418 20 60 - www.kokoko.spb.ru/en - 7h-11h, 14h-1h.* CoCoCo, un nom qui chante comme crépitent les idées russes dans l'assiette. Les produits frais et de saison, après être passés par les fourneaux du chef Igor Grishechkin, sont apportés dans une vaisselle amusante par une équipe de service jeune et attentionnée. Desserts rigolos et pleins de surprises, dans une ambiance russe de trentenaires dynamiques. Réservez. Vous pouvez aussi profiter du toit-terrasse (*p. 109*).

27 **Rousskaïa Rioumotchnaïa n° 1** – ***D5*** - *Konnogvardeïski boul. 4 - Ⓜ Admiralteïskaïa - (812) 570 64 20 - (812)945 08 90 - 12h-minuit.* Ce beau restaurant a ouvert un petit musée consacré à la vodka qu'il est intéressant de visiter, surtout en compagnie d'un guide. Mais on viendra d'abord y déguster une excellente cuisine russe où rien ne manque. Plus de 200 sortes de vodkas et de *samagone* à découvrir, accompagnées de *zakouski*.

8 **Kuznya House** – ***D6*** - *Nab. Admiralteyskovo Kanala 2 (Nouvelle-Hollande) - (911) 921 16 69 - www.newhollandsp.ru/en/foundry - 12h-23h* - **Kuznya Café** *10h30-22h.* Dans la forge de la Nouvelle-Hollande, réhabilitée avec goût, un café et un restaurant design offrent un cadre accueillant à toute heure de la journée. Le menu, raffiné au restaurant, est plus informel au café, lequel propose aussi des mets sucrés et salés pour le petit-déjeuner.

Plus de 2 500 Roub.

1 **Mansarda** – ***D5*** - *Pochtamtskaya oul. 3-5 - Ⓜ Admiralteïskaïa - (812) 946 43 03 - 12h-1h.* Vous cherchez une vue que vous ne retrouverez nulle part ailleurs, un cadre raffiné, une cuisine russe mais pas trop, une clientèle branchée mais pas fatigante ?... C'est ici.

17 **Dom** – ***D6*** - *Nab. reki Moïki 72 - Ⓜ Admiralteïskaïa ou Sadovaïa - (812) 930 72 72 - rest-dom.ru - 12h-23h30.* Le long de la Moïka, dans une demeure du 19e s., une élégante enfilade de pièces compose un cadre reposant avec meubles

anciens, gravures, tableaux, bibliothèque et cheminée. Aux fourneaux, le chef revisite la cuisine russe avec habileté. C'est le moment de goûter au bœuf Stroganoff dans une ambiance raffinée.

PLACE DES THÉÂTRES-CANAL GRIBOÏEDOV

***Plan de quartier** p. 59*

Moins de 1 000 Roub.

26 **Kilikiïa** – **E6** - *Nab. kan. Griboïedova 40* - Ⓜ *Sadovaïa* - *(812) 327 22 08 - www.kilikia.spb.ru - 10h-6h.* Voici l'occasion de découvrir les délices de la cuisine arménienne. Vous y trouverez les plats classiques comme les *khorovats* (brochettes de viande), les *dolmasi* (feuilles de vigne farcies) et la *tava* (sorte de ragoût), servis avec du pain *lavash*. Plats européens également.

1 500-2 000 Roub.

10 **ZooM Café** – **E5** - *Gorokhovaïa oul. 22* - Ⓜ *Sadovaïa* - *(812) 612 13 29 - www.cafezoom.ru - 9h-minuit, w.-end 10h-minuit.* La jeunesse branchée-sans-excès aime à se retrouver dans ces deux salles plaisantes, où règne un esprit arty régressif (crayons de couleur et livres à disposition). La carte mélange classiques russes et inspiration italienne, avec quelques jolies idées végétariennes. Rien de très dépaysant, mais une atmosphère agréable et sympathique.

34 **Severianin** – **E6** - *Stoliarny per. 18* - Ⓜ *Sennaïa* - *(812) 951 63 96 - www.severyanin.me - 12h-minuit.* Sur les traces de Dostoïevski et de ses personnages (*p. 60*), dans un cadre agréablement rétro, on déguste une solide cuisine russe.

FONTANKA-PLACE VOSSTANIÏA

***Plan de quartier** p. 64-65*

Bon à savoir – La **rue Rubinstein** *(oul. Roubinchteïna, p. 66)* concentre bars branchés et petits bistrots.

Moins de 1 000 Roub.

19 **Mama na Dache** – **F5** - *Nevski pr. 88* - Ⓜ *Maïakovskaïa* - *(812) 273 15 94 - www.mamanadache.ru - 10h-23h, vend.-sam. 10h-2h.* Dans une atmosphère de dacha russe qui compense la dimension touristique de l'établissement, on goûte les classiques de la cuisine locale à petits prix.

5 **Khatchapouri i Vino** – **F6** - *Oul. Pravdy 9* - Ⓜ *Zvenigorodskaïa* - *(952) 232 25 43 - hachapuriivino.ru - 11h30-23h.* Cuisine géorgienne traditionnelle à savourer dans une atmosphère accueillante et un cadre simple, de goût contemporain. Délicieux *khinkali* (gros raviolis), *khatchapouri* (galettes fourrées au fromage) et roulés d'aubergines aux noix, à arroser de vin géorgien.

14 **Bekitzer** – **F6** - *Oul. Roubinchteïna 40/11* - Ⓜ *Dostoïevskaïa* - *(812) 926 43 42 - bekitzer.ru/en - 12h-6h - 700 Roub.* Dans une atmosphère conviviale et quelque peu bruyante, ce *street food bar* très prisé propose les grands classiques de la cuisine israélienne : falafel, salades de

légumes, pitas, hummus... Le tout accompagné d'excellents cocktails.

FORTERESSE PIERRE-ET-PAUL ET PETROGRADSKAÏA

***Plan de quartier** p. 72-73*

1 500-2 000 Roub.

30 **Demianova Oukha** – ***D3*** - *Kronverkski pr. 53- Ⓜ Gorkovskaïa - ✆ (812) 232 80 90 - www.demyanova-uha.ru - 12h-minuit.* Un restaurant dont la réputation n'est plus à faire. Encore un cadre d'isba, mais cette fois on y sert de délicieuses spécialités de poisson, dont l'*oukha*, la « bouillabaisse » russe, et l'esturgeon *(ossietr)*. Plusieurs salles aux ambiances différentes. Musique live le soir.

7 **Koriushka** – ***D4*** - *Petropavlovkaïa Krepost 3 - Ⓜ Gorkovskaïa - ✆ (812) 640 16 16 - en.ginza.ru/spb/restaurant/korushka - 12h-minuit.* À côté de la forteresse, dans un cadre élégant et raffiné d'où la vue sur la Neva est merveilleuse, on déguste une cuisine en équilibre entre Europe et Caucase. Agréable patio à la belle saison.

ÎLE VASSILIEVSKI

***Plan de quartier** p. 79*

Moins de 1 000 Roub.

15 **Buterbrodskybar** – ***D4*** - *Nab. Makarova 16 - Ⓜ Vassileostrovskaïa - ✆ 8 911 922 26 06 - 12h-minuit. Buterbrod* signifie « sandwich », mais c'est aussi un jeu de mots avec le nom du poète Joseph Brodsky. Son portrait est un des éléments clés du décor de cette adresse *shabby* chic, qui sert d'excellentes *smeurebreud* et autres spécialités scandinaves.

1 000-1 500 Roub.

24 **Grad Petrov** – ***D4*** - *Universtitetskaïa Nab. 5 - ✆ (812) 326 01 37 - gradpetrov.com - 12h-1h.* Dans un cadre rustique de goût bavarois, cette brasserie propose une savoureuse et robuste cuisine allemande. Grande variété de bières brassées sur place. Terrasse à la belle saison.

12 **Pryanosti i Radosti**– ***C5*** - *6-ia Liniïa 13 - Ⓜ Vassileostrovskaïa - ✆ (812) 640 16 16 - en.ginza.ru/spb/restaurant/pryanosti_i_radosti_vasiljevsky - 10h-1h.* « Les épices et la joie » offre une salle lumineuse et accueillante avec des espaces dédiés aux enfants et une cuisine traditionnelle de différentes régions de la Russie.

Prendre un verre

Il faudra bien vous reposer au cours de vos journées, qui promettent de tenir du marathon. De charmants petits cafés, meublés façon brocante, et décorés dans le goût russe bohème branchée ponctuent la ville. Pendant la période universitaire, on y retrouve les étudiants derrière leurs ordinateurs ou en groupes animés (mais pas trop). Enfin, les multiples chaînes, plus ou moins russes (Starbuck est là pour les nostalgiques), offrent des prestations très correctes à des prix raisonnables. Presque partout, vous pourrez prendre un repas consistant, car la carte va souvent au-delà des rafraîchissements et des pâtisseries. **À recommander** : Jili-Byli (Жили-Были), Coffee House (Кофе Хауз), Chokoladnitsa (Шоколадница), Vienskaïa Kofeïnïa (Венская Кофейня) qui ont des horaires très larges (parfois 24h/24) et offrent une connexion wifi.

Repérez les adresses sur le plan détachable à l'intérieur de la couverture grâce aux pastilles numérotées (ex. 1). Les coordonnées en rouge font référence à ce même plan.

PALAIS D'HIVER-PALAIS D'ÉTÉ

***Plan de quartier** p. 18-19*

18 **Bellevue** – ***E5*** - *Kempinski Hotel - Nab. reki Moïki 22 - (812) 335 91 11 - www.kempinski.com - 12h-0h30.* Au 9e étage du luxueux hôtel Kempinski, ce bar-restaurant offre une vue imprenable à 360° sur la ville.

PERSPECTIVE NEVSKI

***Plan de quartier** p. 32-33*

1 **Café Singer** – ***E5*** - *Nevski pr. 28 (au 1er étage de Dom Knigi) - M Nevski Prospekt - (812) 571 82 23 - www.singercafe.ru - 9h-23h.* Cher et assez touristique, mais vous verrez N.-D.-de-Kazan de très près (*p. 34*).

5 **Stolle** – ***E5*** - *Nevski pr. 11/2 - M Admiralteïskaïa - (812) 314 70 21 - spb.stolle.ru - 8h-23h.* Chaîne spécialisée dans les tartes sucrées et salées. Goûtez au rouleau fourré de crème fouettée : succulent !

9 **Pychetchnaïa** – ***E5*** - *Bal. Koniouchennaïa oul. 25 - M Gostiny Dvor - (812) 314 08 68 - 9h-20h.* Dans un décor à l'austérité soviétique, et c'est là le charme de l'aventure, on s'arrête ici déguster des *pychki* (beignets sucrés) comme en 1958. Il vous en coûtera 15 Roub., ce qui pousse à en avaler plusieurs.

PLACE DES ARTS

***Plan de quartier** p. 18-19*

3 **Bizé** – ***F4-5*** - *Mokhovaïa oul. 46 - M Gostiny Dvor - (812) 272 83 20 - bize-spb.ru - 8h30-23h, w.-end 10h-23h.* À deux pas de l'église St-Siméon-et-Ste-Anne, ce salon de thé cosy à souhait sert des pâtisseries crémeuses et savoureuses. Idéal pour se

S. Sonnet/hemis.fr

Détente sur l'île de la Nouvelle-Hollande.

détendre en feuilletant la presse internationale.

11 **Ziferburg** – **F4** - *Nab. reki Fontanki 20 - Ⓜ Gostiny Dvor - ✆ (981) 180 70 22 - 11h-0h - 3 Roub./mn pdt la 1re h, gratuit après 4 h, max 720 Roub.* À gauche et au premier étage du **Golytsin Loft**, retrouvez le concept de l'anticafé, où l'on paie le temps et non la consommation. Dans deux salons spacieux et lumineux, avec vue sur le canal, un piano, des canapés, des tables en bois et toutes sortes d'objets insolites composent le décor hypertendance d'un des lieux branchés de Piter. Selon l'heure, on y prend un petit-déjeuner au calme, on vient lire en silence, on s'y donne rendez-vous pour un café ou pour écouter de la musique... Atmosphère savoureuse.

AMIRAUTÉ

Plan de quartier **p. 52-53**

17 **Sicaffe**– **E5** - *Gorokhovaïa oul. 2 - Ⓜ Admiralteïskaïa - ✆ (812) 385 25 23 - www.sicafferussia.com/en - 9h-23h30, w.-end 10h-23h30.* À côté de l'Amirauté, sous les arcs en brique d'une salle à taille humaine, on déguste un café grillé sur place, dont les arômes régalent les narines, accompagné de délicieux strudels. Musique live le soir.

6 **Rotonda Lounge** – **E5** - *Hôtel Astoria - Bol. Morskaïa oul. 39 - ✆ (812) 494 51 37- Russian afternoon*

tea de 15h à 18h - 1900/4500 Roub. À défaut d'y séjourner, prenez le thé à l'Astoria. Il est servi dans un samovar, accompagné de délicieux sandwichs, pâtisseries, *blini*, sans oublier la fontaine de chocolat… Avec ou sans caviar et champagne !

19 **HI SO Terrace** – **D5** - *SO/Sofitel Hôtel - Voznesensky pr. 6 - ✆ (812) 610 61 61 - sofitel.accorhotels.com - 12h-0h30.* De mai à septembre, ce bar en terrasse offre une vue magnifique sur St-Isaac et l'Amirauté.

PLACE DES THÉÂTRES-CANAL GRIBOÏEDOV

Plan de quartier p. 59

13 **Seize the Impression** – **E6** - *Grazhdanskaïa oul. 13 - Ⓜ Sennaïa - 10h-21h.* Le royaume du cheesecake dans un tout petit café-salon de thé au fond d'une cour à l'ambiance arty bricolé. Parfait pour un petit-déjeuner, où on ne vous parlera que russe, avant d'aller flâner dans le jardin Youssoupov…

14 **Character Coffee** – **E6** - *Nab. reki Fontanki 109 - Ⓜ Sennaïa - ✆ (960) 289 11 13 11 - 9h-21h (w.-end 10h)*. Au bord de la Fontanka, pour une pause café au milieu de meubles chinés et de tables en bois brut. Cave à vin à côté.

12 **Coffee 22** – **E5-6** - *Kazanskaïa oul. 22 - Ⓜ Sadovaïa - ✆ (952) 231 87 22 - 8h30-23h, w.-end. 10h-1h.* Musique cool, cadre amusant, des étudiants en philosophie échangent autour de délicieux *sirniki* et d'un savoureux café crème. Pour les fringales, petites ou grosses, à assouvir dans une ambiance sereine.

FONTANKA-PLACE VOSSTANIÏA

Plan de quartier p. 64-65

15 **Pitcher** – **G5** - *Marata oul. 2 - Ⓜ Vosstaniïa - ✆ (931) 339 31 35 - www.pitcherbar.ru - 8h-22h, w.-end 10h-22h.* L'un des meilleurs endroits de la ville pour déguster un cappuccino, un café au lait de soja ou un espresso, à accompagner de brownies ou de *pechenyuhi* (biscuits fourrés). À emporter si les quatre tables du bar sont déjà occupées.

FORTERESSE PIERRE-ET-PAUL ET PETROGRADSKAÏA

Plan de quartier p. 72-73

7 **Café Mozart** – **E3** - *Kronverkski pr. 23 - Ⓜ Gorkovskaïa - ✆ (812) 232 94 93 - www.cafemozart.ru - 10h-23h.* Ce café, beau comme une bonbonnière, revendique d'être le premier café viennois de la ville. Café et pâtisseries excellents.

ÎLE VASSILIEVSKI

Plan de quartier p. 79

8 **Brasserie Kriek** – **C4** - *6-ia Liniïa 25 - Ⓜ Vassileostrovskaïa - ✆ (812) 323 38 81 - 11h-1h.* Un bar à bières, belges bien sûr, mais aussi russes…

Shopping

Rangées de matriochkas, piles de châles multicolores, alignements de boîtes laquées, mugs à l'effigie de Poutine en super-héros... Le souvenir russe est un peu attendu, voire lassant, mais au moins est-il fabriqué en général en Russie.

Où acheter ?

Tous les souvenirs possibles sont rassemblés au **Gostiny Dvor** *(p. 35)*, dans la galerie du rez-de-chaussée donnant sur Nevski. Les **boutiques des musées** offrent parfois des ressources intéressantes, en particulier celles de l'Ermitage, de la forteresse Pierre-et-Paul et du musée Fabergé (œufs émaillés du plus simple au plus cher, *p. 42*). Pour les **produits alimentaires**, la visite d'un marché est pittoresque et vous pourrez y acheter du bon miel.

Marques internationales sur Nevski, dans la rue Bol. Konyushennaya (très cher) ou dans le mall Galeria *(Ligovski pr.-www.galeria.spb.ru - 10h-23h)*.

Que rapporter ?

Boîtes en laque : en papier mâché, souvent illustrées de motifs de contes traditionnels. Méfiez-vous des prix trop bas. Un gage d'authenticité ? La boîte contient un certificat avec le numéro de l'œuvre et, sur le couvercle, la signature de l'artiste à droite, le nom de l'œuvre à gauche, le nom de l'école de peinture au centre. Comptez au minimum 50-60 € pour une toute petite pièce.

Ambre : beaucoup de bijoux et d'objets sont réalisés dans cette résine fossile transparente. Attention aux contrefaçons ; exigez un certificat d'authenticité.

Malachite : elle est épuisée en Russie. Celle que vous trouverez vient du Zaïre. Reste les autres pierres de l'Oural, comme la pierre de lune *(selenit)* aux reflets nacrés.

Châles d'Orenbourg : en duvet de chèvre, ils sont semblables à de la dentelle.

Vaisselle et ustensiles de Kokhloma : en bois laqué avec des décors végétaux dans les tons rouges, noirs et or ; on peut sans problème les utiliser pour servir des aliments, mais il est déconseillé de les passer au four ou au lave-vaisselle !

Caviar : il peut être tentant d'en acheter, mais sachez que celui-ci doit être conservé au froid dès sa mise en boîte et *a fortiori* après l'achat, ce qui ne sera pas toujours possible. À la douane, chaque voyageur a droit à 250 g. En cas d'infraction constatée, le surplus sera confisqué sans dédommagement.

Bon à savoir – Il est formellement interdit de sortir de Russie un objet estimé antérieur à 1945, sans une autorisation du ministère de la Culture. Les antiquaires savent ce qu'ils peuvent vendre à des étrangers et se chargent des démarches. Tout achat qui n'aura pas été fait dans les règles sera

Matriochkas artisanales.

confisqué. Les **icônes** anciennes sont quasiment impossibles à exporter : arrêtez-vous à la *lavka* (comptoir de vente) d'une église ouverte au culte, pour en trouver une contemporaine (gardez le ticket).

Repérez les adresses sur le plan détachable à l'intérieur de la couverture grâce aux pastilles numérotées (ex. 1). Les coordonnées en rouge font référence à ce même plan.

PALAIS D'HIVER-PALAIS D'ÉTÉ

***Plan de quartier** p. 18-19*

Mode

13 **21 Shop** – **E5** - *Bolchaïa Kouiouchennaïa 19 - Ⓜ Nevski Prospekt - ✆ (812) 309 10 96 - 21-shop.ru/magaziny - 11h-22h.* L'un des premiers magasins russes axés sur le *streetwear* propose vêtements et accessoires pour homme ou femme, signés par des créateurs locaux.

PERSPECTIVE NEVSKI

***Plan de quartier** p. 32-33*

Grands magasins

1 **Gostiny Dvor** – **E5** - *Nevski pr. 35 - Ⓜ Gostiny Dvor - bgd.ru - 10h-22h.* L'une des plus grandes galeries marchandes du monde, avec des centaines de boutiques, réparties sur deux niveaux. Vous trouverez souvenirs, bijoux et montres au rdc, côté Nevski pr. et Sadovaïa oul. *p. 35.*

Livres et papeterie

3 **Dom Knigi** – **E5** - *Nevski pr. 28 - Ⓜ Gostiny Dvor - 9h-0h.* La plus grande librairie de la ville. Au rdc, grand choix de livres sur la ville et la culture russe en langues étrangères, calendriers, cartes postales, petits souvenirs... Au 1er étage, faites une pause au **Café Singer** (*p. 107*).

Musique

4 **Severnaïa Lira** – **E5** - *Nevski pr. 26 - Ⓜ Gostiny Dvor - ✆ (812) 312 07 96 - 10h-20h, dim. 11h-19h.* Grand choix de partitions, d'enregistrements classiques peu répandus en France, de DVD mais aussi quelques instruments de musique.

Sport

5 **Zenit** – **E5** - *Nevski pr. 20 - Ⓜ Gostiny Dvor - 10h-22h.* La boutique officielle de l'équipe de foot de la ville.

Arts de la table

6 **Imperatorski Farfor** – **F5** - *Nevski pr. 60 - Ⓜ Gostiny Dvor - ✆ (812) 571 32 62 - www.ipm.ru- 10h-21h.* Fondée en 1744 à Saint-Pétersbourg par l'impératrice Élisabeth Ire, cette manufacture de porcelaine est la plus ancienne de Russie. Après avoir été rebaptisée Lomonossov pendant les années soviétiques, elle a retrouvé en 2005 son nom de Manufacture impériale de porcelaine (IPM, selon l'acronyme anglais). Les pièces sont merveilleuses mais très chères : compter environ 2000 Roub. pour une tasse avec soucoupe. Plusieurs boutiques en ville.

Inspired By Maps/Shutterstock.com

Le somptueux intérieur du magasin Elisseïev.

Gastronomie

24 **Magasin Elisseïev** – ***F5*** - *Nevski pr. 56 - Ⓜ Gostiny Dvor - ✆ (812) 456 66 66 - www.kupetzeliseevs.ru/en - 10h-23h.* Plaisir des yeux, Elisseïev (*p. 36*) met aussi le palais à la fête : charcuteries, fromages, boissons, confiseries...Les pâtisseries et viennoiseries sont délicieuses : le bon endroit pour une pause sucrée. !

Mode

22 **Pavlovoposadskie Platki** – ***E5*** *Nevksi pr. 87. ✆ (496) 437 07 20 - pavlovoposadskie-platki.ru- 10h-22h.* Des châles traditionnels en laine, de bonne qualité et à des prix abordables, composent un éventail coloré. Vous y trouverez tous les formats, écharpes, carrés, plaids, motifs cachemire et fleurs.

PLACE DES ARTS

Plan de quartier p. 18-19

Mode et design

20 **Golytsin Loft** – ***F4*** - *Nab. reki Fontanki 20 - Ⓜ Gostiny Dvor - ✆ (812) 291 30 10.* Aussi appelé « **Fontanka 20** », ce repaire de hipsters est installé dans cinq immeubles, dont un hôtel particulier du 18e s. où auraient séjourné Tourgueniev et Pouchkine. L'expérience vaut d'être vécue : librairie, time-café Ziferburg (*p. 108*), restaurants et cafés en tout genre, et boutiques, dont

Must Have, où les vêtements sont innovants sans être délirants.

Arts

9 **Solart Gallery** – ***F4*** - *Solianoï pr. 15 - Ⓜ Nevski Prospekt - www.solartgallery.com - 10h-18h.* Exposition et vente d'œuvres d'artistes contemporains. Grand choix à tous les prix.

8 **Tertsia** – ***E5*** - *Italianskaïa oul. 5 - Ⓜ Nevski Prospekt - ✆ (812) 871 55 53 - tertiaspb.ru - 11h-20h.* Magasin d'antiquités situé en sous-sol et rempli de toutes sortes d'objets anciens : gravures, journaux, icônes, samovars, vaisselle, meubles, jouets, etc. Beaucoup de choix à tous les prix.

Souvenirs

19 **Onegin Art Gallery** – ***F5*** - *Italianskaïa oul. 11 - Ⓜ Nevski Prospekt ou Gostiny Dvor - ✆ (812) 570 00 58 - www.onegin-gallery.com - 9h-21h.* Grand choix de souvenirs traditionnels à tous les prix.

Antiquités

18 **Russkaya Starina** – ***F4*** - *Nekrasova oul. 6 - ✆ (812) 273 26 03 - www.ruantique.com - 11h-21h, dim. 12h-21h.* Une belle boutique d'antiquaire : argenterie, porcelaine, gravures, boîtes, etc.

AMIRAUTÉ

Plan de quartier p. 52-53

Mode et bijoux

15 **Matryoshka Concept Store** – ***D6*** - *Dekabristov oul. 28 - Ⓜ Sadovaïa - ✆ (812) 389 23 32 - www.matryoshkadesign.com - 11h-22h.* Bijoux, vêtements et accessoires signés Natalia Larchenko, qui revisite la silhouette familière de la poupée russe dans des formes chic et épurées. Pour un souvenir design.

Souvenirs

16 **Northway** – ***D5*** - *Angliskaia nab. 36 - Ⓜ Admiralteïskaïa - ✆ (812) 312 20 62 - 9h-20h.* Ce beau magasin sur les rives de la Neva regorge de souvenirs pour tous les goûts et toutes les poches.

Grands magasins

23 **Au Pont Rouge** – ***E5*** - *Nab. Reki Moiki 73 - Ⓜ Admiralteïskaïa - ✆ (812) 244 97 84 - aupontrouge.ru/en - 10h-22h.* Le bâtiment Art nouveau des galeries S. Esders et K. Scheefhals, inauguré en 1907, a retrouvé son éclat avec l'ouverture de ce grand magasin de luxe, qui tire son nom du pont voisin, le Kransny most.

PLACE DES THÉÂTRES-CANAL GRIBOÏEDOV

Plan de quartier p. 59

Gastronomie et vins

10 **Konditerskaïa Kroupskaïa** – ***E6*** - *Kazanskaïa oul. 31 - Ⓜ Gostiny Dvor - 10h-20h, dim. 12h-18h.* En vrac, mais aussi emballés dans de jolies boîtes, grand choix de bonbons et de chocolats de la confiserie Kroupskaïa, fondée en 1938. Particulièrement renommés : les *bielotchka* (« petit écureuil ») aux noisettes grillées, et la série Michka, qui prend le célèbre ourson pour emblème.

FONTANKA-PLACE VOSSTANIÏA

***Plan de quartier* p. 64-65**

Cosmétiques

7 Natura Siberica - **G5** - *Nevski pr. 108 - Ⓜ Maïakovskaïa - (812) 240 48 46 - old. naturasiberica.ru/en - 10h-22h.* Excellents cosmétiques bio à base de plantes sibériennes. Faites-vous conseiller par les vendeuses, qui parlent généralement anglais, car les emballages sont souvent uniquement en russe.

Mode et design

21 Fligel Store - **G5** - *Oul. Vosstaniïa 24 - Ⓜ Vosstaniïa - (812) 986 94 97.* Au fond d'un dédale de cours, ce loft/centre d'art accueille une belle auberge de jeunesse (**Kultura Hostel** - *art-hostel-kultura.hotelsinsaintpetersburg.net*), un bar/restaurant (pour oiseaux de nuit), un sympathique café (**Miru** - *11h-21h)* où l'on se presse pour goûter l'expresso et les thés, et quelques boutiques dont les objets cocasses changent de l'éternelle poupée russe. Excellent poste d'observation du Piter russe et branché.

2 Tatyana Parfionova- **F5** - *Nevski pr. 51 - Ⓜ Maïakovskaïa - (812) 713 14 15 - parfionova.ru - 12h-20h.* Dans le *flagship store* de cette créatrice de renommée mondiale, on découvre ses créations de mode aux couleurs naturelles et ses foulards brodés, emblématiques de la griffe. De véritables chefs-d'œuvre, à tel point qu'ils sont exposés au musée Russe.

Gastronomie et vins

11 Kouznetchny Rynok - **F6** - *Kouznetchny per. 3 - Ⓜ Vladimirskaïa - 8h-20h - fermé dim.* Voisin du musée Dostoïevski, ce grand marché d'alimentation couvert mérite une visite pour l'ambiance et le choix. Vous pourrez y acheter du miel, du thé, des friandises à rapporter.

12 Ararat - **F6** - *Vladimirski pr. 13 - Ⓜ Vladimirskaïa - lun.-sam. 10h-22h, dim. 11h-21h - www.ararat-wine.ru.* Parfait pour le cognac arménien à des prix doux. Également des vins géorgiens, de la vodka et toutes sortes de liqueur comme l'absinthe. Autre adresse : Lermontovski pr. 8.

FORTERESSE PIERRE-ET-PAUL ET PETROGRADSKAÏA

***Plan de quartier* p. 72-73**

Bijoux

14 Ananov - **E3** - *Mitchourinskaïa oul. 9/11- Ⓜ Petrogradskaïa - (812) 235 42 51 - a-ananov.com - lun.-vend. 10h-17h30.* Le showroom du célèbre joaillier considéré comme l'héritier de Fabergé : œufs émaillés et bijoux pour tous les goûts mais pas pour toutes les bourses !

AU-DELÀ DU CENTRE

Brocante

Marché aux puces d'Udelnaya - ***Hors plan par D1*** - *Fermskoie Shossé 36 - Ⓜ Udelnaya (à gauche en sortant, le long de la voie ferrée) - www.bloha.news - 11h-19h.* Excentré (au nord), pour chineurs très très motivés.

Sortir

Avant de partir, consultez le programme des grandes institutions sur leur site Internet, où vous pourrez réserver vos billets en ligne, à imprimer et à échanger contre une contremarque le jour du spectacle. Une fois **sur place**, rendez-vous à la caisse de la salle de spectacles pour acheter des billets ou adressez-vous à votre hôtel. En ville, plusieurs kiosques centralisent les billets pour tous les types de spectacles, mais les non-russophones peinent à se faire comprendre... Essayez éventuellement la **Teatralnaïa Kassa**, Nevski pr. 42, M° Gostiny Dvor.

Les tarifs réservés aux étrangers sont beaucoup plus élevés que ceux appliqués aux citoyens de la Fédération de Russie, mais ne tentez pas votre chance !

Le théâtre de l'Ermitage *(p. 17)*, le palais Youssoupov *(p. 54)* et la cathédrale Smolny *(p. 88)* accueillent des concerts.

Les spectacles restent généralement un seul soir à l'affiche. Après les Nuits blanches, les troupes régulières des théâtres sont en tournée ou en vacances. Certaines salles ferment, comme la Philharmonie, d'autres accueillent des troupes invitées.

Bon à savoir – Le site www.inyourpocket.com répertorie bars et lieux de sortie par genres. Vous pouvez aussi consulter le site www.visit-petersburg.ru/fr_saintpetersbourg/.

Repérez les adresses sur le plan détachable à l'intérieur de la couverture grâce aux pastilles numérotées (ex. 1). Les coordonnées en rouge font référence à ce même plan.

PALAIS D'HIVER-PALAIS D'ÉTÉ

Plan de quartier p. 18-19

Musique classique

4 **Gossoudarstvennaïa Akademitcheskaïa Kapella** – ***E5*** - *Nab. reki Moïki 20 - M Nevski Prospekt - ✆ (812) 314 10 58 - www.capella-spb.ru.* La salle de concert la plus ancienne de la ville possède une acoustique exceptionnelle. Concerts, chœurs, récitals.

PERSPECTIVE NEVSKI

Plan de quartier p. 32-33

Bars, clubs

Bon à savoir – Au début de la **rue Doumskaïa** (à droite du Gostiny Dvor) se succèdent plusieurs bars à l'ambiance jeune, comme le **Bar Fidel** *(✆ (812) 385 67 54 - www.fidel-club.ru).*

8 **PirOGI** – ***F5*** - *Nab. reki Fontanki 40 - M Gostiny Dvor ou Maïakovskaïa - ✆ (812) 275 35 58 - 24h/24.* L'endroit est connu pour sa bonne cuisine russe, et notamment ses *pirogui* (pâte fourrée), mais c'est aussi une librairie, un espace d'exposition et une salle où les DJ en

vue viennent mixer plusieurs fois par semaine à 21h.

19 **Apotheke Bar** – **E5** - *Lomonossova oul. 1 - Ⓜ Gostiny Dvor - ✆ (812) 337 15 35 - hatgroup.ru - à partir de 20h.* L'Apotheke (« Pharmacie ») est indiqué d'une croix rouge sur la fenêtre. Sonnez et entrez : un cadre tranquille et intime vous attend pour siroter de bons cocktails préparés dans les règles de l'art.

7 **Money Honey Club & Concert Hall** – **E6** - *Sadovaïa oul. 28-30, bat. 13 - Ⓜ Gostiny Dvor - ✆ (812) 310 05 49 - www.money-honey.ru.* Engagez-vous dans les cours de l'Apraxine Dvor (*p. 37*) pour trouver ce saloon à l'ambiance bon enfant où tous les soirs se produisent plusieurs groupes *live* dans des genres variés *(21h/22h-0h)*. Possibilité de restauration sur place. Public jeune et consommations bon marché.

6 **Liverpool Pub** – **F5** - *Maïakovskovo oul. 16 - Ⓜ Maïakovskaïa - ✆ (812) 579 20 54 - www.liverpool.ru - 12h-1h, ven.-sam. 12h-3h.* Un endroit agréable où les Beatles sont à l'honneur. Musique *live* tous les soirs à 20h, parfois sur le thème du célèbre groupe anglais. Grand choix de bières, restauration très correcte, billard.

PLACE DES ARTS

***Plan de quartier** p. 18-20*

Opéra, ballet, musique classique

2 **Théâtre Mikhaïlovski** – **E5** - *Pl. Isskoustv 1 - Ⓜ Nevski Prospekt ou Gostiny Dvor - ✆ (812) 595 43 05 - www.mikhailovsky.ru.* Le *Maly Operny* (petit opéra), par opposition au grand Mariinski, s'est refait une beauté et présente des spectacles de qualité à des tarifs moins onéreux que le Mariinski.

3 **Philharmonie Chostakovitch** – **E5** - *Mikhaïlovskaïa oul. 2 - Ⓜ Nevski Prospekt ou Gostiny Dvor - ✆ (812) 240 01 80 - www.philharmonia.spb.ru.* Haut lieu de la vie musicale de Saint-Pétersbourg, la Philharmonie a vu défiler les meilleurs artistes, depuis le milieu du 19e s. La salle des Colonnes avec son décor blanc et or est superbe.

Cirque

5 **Cirque** – **F5** - *Nab. reki Fontanki 3 - Ⓜ Gostiny Dvor - ✆ (812) 570 51 98 - www.circus.spb.ru - caisses tlj 10h-21h ; billets en vente*

Points de vue en hauteur

Il y a toujours un moment où l'on cherche à s'élever.

***Café Singer** – p. 107. Vue sur N.-D.-de-Kazan.*

***Mansarda** – p. 104. Vue sur les toits de St-Isaac.*

***Ziferburg** – p. 108. Vue sur le château Michel.*

***Bellevue** – p. 107. Vue sur la Moïka et le palais d'Hiver.*

***HI SO Terrace** – p. 109. Vue sur l'Amirauté et St-Isaac.*

***Loft Project Etagi** – p. 120. Ambiance néohippie sur les toits de la ville.*

*16 **Hi-Hat** – **E1** - Aptekarsky pr. 4. Terrasse sur les toits de la ville, café, bar et dancefloor.*

jusqu'à une heure avant le spectacle - programme affiché près des caisses. Ce bâtiment circulaire construit en 1877 présente des spectacles dans la grande tradition du cirque russe.

Bars, clubs

9 **Brodiatchaïa Sobaka** - **E5** - *Italianskaïa oul. 4 - Ⓜ Nevski Prospekt ou Gostiny Dvor - ✆ (812) 312 80 47 - www.vsobaka.ru - 11h30-23h30.* Au **Chien errant**, chansonniers et artistes se produisent depuis 1911. Les spectacles (en général à 19h30) ne sont pas tous accessibles aux non-russophones, mais l'ambiance est excellente. Il y a également un bon restaurant sur place. Pas de paiement par carte.

11 **G. A. Blues Club** - **F4** - *Liteïny pr. 33 - Ⓜ Maiakovskaïa - ✆ (812) 579 88 13 - 12h-0h.* Ce club en vogue reçoit les stars russes du blues dans une atmosphère intime. On y sert de surcroît une excellente cuisine européenne. Il est prudent de réserver.

AMIRAUTÉ

Plan de quartier p. 52-53

Folklore

18 **Palais Nikolaïevski** - **D6** - *Pl. Trouda 4 - Ⓜ Nevski Prospekt - ✆ (812) 312 55 00 - folkshow.ru - spectacles à 19h et 21h (durée 1h45) - restaurant attenant (avant ou après le spectacle).* Dans la splendide salle de bal du palais Nicolas, chants et danses traditionnels, proposés par le Nikolaïevski Art Center. Instruments authentiques, costumes aux couleurs chatoyantes et belles photos garanties.

PLACE DES THÉÂTRES-CANAL GRIBOÏEDOV

Plan de quartier p. 59

Opéra, ballet, musique classique

1 **Théâtre Mariinski** - **D6** - *Teatralnaïa pl. 1 - Ⓜ Sadovaïa - ✆ (812) 326 41 41 - www.mariinsky.ru.* Doté d'une nouvelle salle depuis 2013, le Mariinski est le théâtre lyrique le plus célèbre (et le plus cher) de la ville : programmation de qualité sous la houlette de son directeur, Valeri Guerguiev. Riche d'une excellente acoustique, le Concert Hall (1100 places) est dédié aux concerts symphoniques. *p. 58.*

Bars, clubs

14 **Shamrock** - **D6** - *Dekabristov oul. 27 - Ⓜ Sadovaïa - ✆ (812) 570 46 25 - www.shamrock.spb.ru - 11h-2h.* Ce pub irlandais, convivial et chaleureux, accueille une clientèle d'étrangers et de Russes aisés venus écouter de la musique rock live ou assister à des matchs sportifs sur grand écran. On peut également s'y restaurer, ce qui est d'autant plus appréciable que le quartier est assez pauvre en restaurants.

FONTANKA-PLACE VOSSTANIÏA

Plan de quartier p. 64-65

Bars, clubs

12 **Jazz Philharmonic Hall** - **F6** - *Zagorodny pr. 27 - Ⓜ Vladimirskaïa - ✆ (812) 764 85 65 - www.jazz-hall.*

La terrasse du café Loft Project Etagi.

com - fermé lun. Ouvert à l'époque soviétique, ce lieu dédié au jazz se compose de deux salles : la Grande Salle, où se produisent les artistes de renom, et la salle Duke Ellington, de dimensions plus modestes, style club, avec petites tables et lumières douces, réservée à des groupes plus confidentiels.

13 **Fish Fabrique** – ***G6*** - *Ligovski pr. 53 - Ⓜ Vosstaniïa - ✆ (812) 764 48 57 - fishfabrique.ru - à partir de 17h (15h le w.-end).* Au rez-de-chaussée de l'**Art Center Pushkinskaiya**, qui fut l'un des premiers lieux d'expression underground de la ville, ce café-bar est toujours bien vivant avec ses concerts, ses happenings, ses projections de films. On y lie facilement connaissance avec la bohème locale. Grand choix de bières et petit restaurant bon marché qui sert une cuisine tout à fait correcte.

15 **Loft Project Etagi** – ***G6*** - *Ligovski pr. 74 - Ⓜ Vosstaniïa - ✆ (812) 458 50 05 - www.loftprojectetagi.ru - 9h-23h.* Une ancienne boulangerie industrielle où se côtoient désormais des galeries d'art et d'exposition, un café, une immense terrasse au-dessus de la ville et des dizaines de petites boutiques. Prenez le temps de fouiller dans les petites boutiques où l'on trouve de tout, des vêtements, fripes, chaussures et autres, aux objets les plus insolites. Pionnier en 2007, ce centre culturel concentre aujourd'hui une foule disparate. (*p. 68*).

20 **Top Hops** – ***F6*** - *Nab. Reki Fontanki 55 - Ⓜ Gostiny Dvor - ✆ 966 757 01 16 - 16h-1h.* Un « bar mexicain au cœur de Saint-Pétersbourg », voilà la carte de visite de ce pub qui propose un bon choix de bières artisanales, accompagnées de plats mexicains.

AUTRES QUARTIERS

10 **JFC Jazz Club** – ***F3*** - *Chpalernaïa oul. 33 - Ⓜ Tchernychevskaïa - ✆ (812) 272 98 50 - www.jfc-club.spb.ru.* Un des meilleurs clubs de la ville, réputé pour les concerts originaux de jeunes musiciens dont le répertoire va du blues au jazz expérimental. Il vaut mieux réserver une table si l'on ne veut pas rester debout toute la soirée.

Se loger

Les tarifs indiqués correspondent au **prix** moyen d'une **chambre double en haute saison**, le petit-déjeuner est presque toujours compris.
Pour obtenir le *voucher* nécessaire à l'obtention du visa, demandez le « visa support » à votre hôtel.
Repérez les adresses sur le plan détachable dans le rabat de la couverture grâce aux pastilles numérotées (ex. 1). Les coordonnées en rouge font référence à ce même plan.

PALAIS D'HIVER-PALAIS D'ÉTÉ

***Plan de quartier** p. 18-19*

3 000-6 000 Roub.

1 **Hotel 3mostA** – **E4** - *Nab. reki Moïki 3 - Ⓜ Nevski Prospekt - (812) 315 02 00 - www.3mosta.com - 26 ch. - 400 Roub.* Ambiance feutrée et chambres grand confort, dont certaines peuvent accueillir quatre personnes. Magnifique restaurant panoramique coiffé d'une verrière au dernier étage.

9 000-14 000 Roub.

2 **Pouchka Inn** – **E4** - *Nab. reki Moïki 14 - Ⓜ Nevski Prospekt - (812) 644 71 20 - www.pushka-inn.com - 33 ch.* Voisin du musée-appartement Pouchkine, cet hôtel, aménagé dans une demeure du 18e s., propose des chambres ravissantes et très bien équipées. Celles qui donnent sur la cour sont moins chères, mais la vue sur la Moïka est tellement romantique ! Un bon restaurant également.

PERSPECTIVE NEVSKI

***Plan de quartier** p. 32-33*

3 000-6 000 Roub.

3 **Nevsky Aster** – **E5** - *Bolch. Koniouchennaïa oul. 25 - Ⓜ Nevski Prospekt - (812) 314 75 41 - www.hon.ru/en/ - 59 ch.* Cet établissement non-fumeur fait partie d'une chaîne qui compte plusieurs hôtels sur Nevski (Nevski Hotel Group). Les chambres (en dehors de la catégorie « luxe ») sont petites mais le rapport emplacement-qualité-prix est intéressant.

PLACE DES ARTS

***Plan de quartier** p. 18-20*

3 000-5 000 Roub.

6 **Hotel Pio** – **F4-5** - *Mokhovaïa. oul. 39 - Ⓜ Maïakovskaïa ou Gostiny Dvor - (812) 273 35 85 - hotelpio.ru - 10 ch.* Aménagé dans trois grands appartements d'un immeuble ancien, ce mini-hôtel non-fumeur propose des chambres toutes différentes, dont certaines ont même une cuisine équipée. Bon accueil.

AMIRAUTÉ

***Plan de quartier** p. 52-53*

3 200-5 000 Roub.

(10) **Katioucha** – **D5** - *Admiralteïskaïa nab. 6 - ✆ (812) 312 69 19 - Ⓜ Admiralteïskaïa - 6 ch.* Dans une calme ruelle, comme encastrée dans l'Amirauté, ce mini-hôtel compte six chambres simples mais bien tenues. Son emplacement très central, entre l'Ermitage et St-Isaac, à deux pas des ponts qui relient la rive gauche de la Neva à Vassilievski et Petrogradskaïa, en fait une base parfaite pour les amateurs de musées. Seul bémol : pas de restaurant à proximité immédiate.

5 500-8 000 Roub.

(11) **Comfort** – **E5** - *Bolch. Morskaïa oul. 25 - Ⓜ Admiralteïskaïa - ✆ (812) 570 67 00 - www.comfort-hotel.ru - 18 ch.* L'avantage principal de cet hôtel est sa situation. Simple et propre, il compte des chambres bien équipées au décor minimaliste (TV dans toutes les chambres). À moins de choisir une chambre « luxe », l'endroit est contre-indiqué à ceux qui ont besoin d'espace.

6 000 - 9 000 Roub.

(12) **Casa Leto** – **E5** - *Bolch. Morskaïa oul. 34 - Ⓜ Admiralteïskaïa - ✆ (812) 600 10 96 - casaleto.com - 5 ch.* Un appartement transformé en hôtel, aménagé par des artistes, et cela se voit dans les moindres détails. Les chambres sont spacieuses et personnalisées. Grand confort et excellent accueil.

PLACE DES THÉÂTRES-CANAL GRIBOÏEDOV

***Plan de quartier* p. 59**

(4) **Holiday Inn Express** – **D7** - *Sadovaïa oul. 62 - Ⓜ Sadovaïa - ✆ (812) 449 62 52 - www.ihg.com/holidayinnexpress.* Dans un endroit enchanteur de la ville, sur le canal Griboïedov et en face de l'église St-Nicolas-des-Marins, cet hôtel tout nouveau et très fonctionnel offre un excellent rapport qualité/prix.

FONTANKA-PLACE VOSSTANIÏA

***Plan de quartier* p. 64-65**

5 500-7 500 Roub.

(5) **Nevsky Forum** – **F5** - *Nevski pr. 69 - Ⓜ Maïakovskaïa - ✆ (812) 333 02 22 - www.forumhotel.ru - 29 ch.* Un établissement respectueux de l'environnement par les matériaux choisis, des chambres spacieuses et modernes, un très bon restaurant et un accueil irréprochable : prix justifié.

(7) **Piaty Ougol** – **F6** - *Zagorodny pr. 13 - Ⓜ Vladimirskaïa ou Dostoïevskaïa - ✆ (812) 380 81 81 - www.5ugol.ru - 52 ch.* Cet hôtel moderne occupe deux étages d'un immeuble donnant sur le carrefour dit « des Cinq-Angles », où Dostoïevski fit habiter l'héroïne de *L'Idiot*. Chambres spacieuses et design. Le petit-déjeuner est servi dans le très bon restaurant de l'établissement.

(8) **Bratia Karamazov** – **F6-7** - *Sotsialisticheskaïa oul. 11A - Ⓜ Vladimirskaïa, Dostoïevskaïa ou Pouchkinskaïa - ✆ (812) 335 11 85 - www.karamazovhotel.ru - 28 ch.* Un hotel confortable et accueillant, dont les chambres donnent sur une cour tranquille. Elles sont petites mais

de taille suffisante ; les quatre suites évoquant un intérieur du 19e s., portent chacune le nom d'une héroïne de Dostoïevski.

8 000-11 000 Roub.

9 **Rossi Hotel** – **F6** - *Nab. reki Fontanki 55 - Ⓜ Nevski Prospekt - ✆ (812) 635 63 33 - www.rossihotels.com - 53 ch.* Situé au bout de la rue de l'Architecte-Rossi, à proximité du Gostiny Dvor et du pont Anitchkov, cet hôtel confortable et moderne ne manque pas de charme. Les chambres sont de bonne taille et meublées avec goût, et le personnel se montre particulièrement attentif. Spa. Excellent restaurant. Parking.

FORTERESSE PIERRE-ET-PAUL ET PETROGRADSKAÏA

***Plan de quartier* p. 72-73**

3 000 - 5 000 Roub.

13 **Iskra** – **E2** - *Mal. Possadskaïa oul. 10 - Ⓜ Gorkovskaïa - ✆ (812) 230 60 27 - www.iskrahotel.ru - 7 ch.* Mini-hôtel sympathique à deux pas du métro et de la forteresse Pierre-et-Paul où, pour un prix modique, vous aurez toute la gamme de services classiques (transfert, excursions, Internet, coffre-fort, blanchisserie). Chambres petites mais propres et bien équipées. Réservez longtemps à l'avance.

ÎLE VASSILIEVSKI

***Plan de quartier* p. 79**

6 000 - 9 000 Roub.

14 **Art-Hotel Trezzini** – **C5** - *Bolchoï pr. V.O. 21 - Ⓜ Vassileostrovskaïa - ✆ (812) 332 10 35 - www.trezzini-hotel.com - 17 ch.* À deux pas de la cathédrale St-André, ce petit hôtel de charme qui ne paie pas de mine réserve d'heureuses surprises. La décoration, réalisée par des artistes pétersbourgeois contemporains, est très réussie, et les chambres, toutes singulières, offrent un grand confort. Deux suites pour les familles.

15 **NasHOTEL** – **C4** - *11-ia Liniïa 50 - Ⓜ Vassileostrovskaïa - ✆ (812) 323 22 31 - www.nashotel.ru - 58 ch.* Hôtel moderne et fonctionnel, placé à 5mn du métro et à 2 km de la place du Palais. il propose des chambres spacieuses, équipées d'air conditionné, minibar, coffre, séchoir, TV, accès Internet, room-service 24h/24. Il comprend également six chambres familiales, dont une pour personne à mobilité réduite, et quatre studios de 43 m². Restaurant de cuisine russe et internationale.

Saint-Pétersbourg pratique

Préparez votre voyage
- *Visa* ... **126**
- *Douanes, Venir en avion* ... **127**
- *Argent, Saisons, Pour en savoir plus* ... **128**

Votre séjour de A à Z
- *Change, Consulats, Décalage horaire, Églises* ... **130**
- *Électricité, Étage, Excursions et visites* ... **131**
- *Handicap, Hébergement* ... **132**
- *Horaires, Informations touristiques* ... **133**
- *Internet, Jours fériés, Langue, Musées et monuments* ... **134**
- *Pont, Poste, Pourboire, Presse, Repas* ... **135**
- *Santé, Sécurité* ... **136**
- *Tarifs, Taxi* ... **137**
- *Téléphone, Toilettes,Transports en commun,* ... **138**
- *Vélo* ... **139**

Agenda culturel
- *Rendez-vous annuels* ... **140**

Les ponts levants enjambent la Neva.
aapsky/Shutterstock.com

Préparez votre voyage

VISA

Pour préparer sereinement votre voyage, prévoyez trois semaines pour réunir l'ensemble des pièces nécessaires à l'obtention du visa, déposer votre dossier et récupérer votre passeport en règle. Les formalités administratives et douanières pouvant être modifiées, nous vous conseillons de vous renseigner très précisément avant votre départ auprès de la représentation diplomatique russe.

Obtention du visa

Les citoyens français, belges, suisses et luxembourgeois doivent être munis d'un visa touristique (30 j max.) pour entrer en Russie.

France – Centre de Visa pour la Russie : 35, av. de Friedland, 75008 Paris - ✆ 01 85 09 09 93 - www.vhs-france.com - 9h-12h45, 14h-16h. Bureaux également à Marseille et Strasbourg.

Belgique – Centre de Visa pour la Russie : av. Alphonse Valkeners 3, 1160 Auderghem - ✆ 02 663 17 40 - www.vhs-belgium.com - tlj sf sam. et dim. 9h-17h. Bureaux également à Anvers.

Suisse – R. Charles-Giron, 1, 1203 Genève - ✆ 22 518 70 55 - www.vfsglobal.com/Russia/Switzerland/ - tlj sf w.-end 8h30-13h, 14h-15h.

Luxembourg – R. Cyprien-Merjai - 116 Château de Beggen - 2145 Luxembourg - ✆ 26 68 74 76 - ambruslu.mid.ru/home - lun., mar. et jeu. 10h-12h.

Bon à savoir – Les services consulaires russes sont fermés les jours fériés russes et les jours fériés du pays dans lequel ils sont implantés. Si le jour férié tombe un dimanche, le jour suivant est chômé.

Documents à fournir

1) L'**original du passeport**, avec au moins deux pages libres et valable au moins six mois après la date d'expiration du séjour en Russie.
2) Le **formulaire de demande de visa** à remplir en ligne (visa.kdmid.ru), à imprimer et à signer au stylo à bille noir.
3) Une **photo** (3,5 x 4,5 cm) en couleur uniquement, prise de face, sur fond blanc, sans lunettes.
4) **Voucher touristique** fourni par une agence touristique ou l'hôtel (l'original ou la photocopie);
5) **Confirmation de l'accueil** du touriste étranger fournie par une agence touristique ou l'hôtel (original ou photocopie);
6) **Attestation d'assurance maladie** (l'original) valable en Russie et couvrant entièrement la période de validité du visa, avec une signature originale et le tampon. L'attestation d'assurance maladie doit porter des mentions obligatoires : nom et prénom de la personne assurée, numéro du contrat, dates du voyage, une référence directe au fait que le voyage est effectué sur le territoire de

la Fédération de Russie. L'assurance doit couvrir : la maladie, les accidents et le rapatriement (prime d'assurance minimale – 30 000 USD). Certaines cartes bancaires incluent cette assurance. Une demande auprès du service d'assistance lié à la carte est traitée en général en moins de 8 jours.

Rendez-vous

Lorsque vos documents sont réunis, il faut prendre rendez-vous au centre de visas, par le biais du site Internet. Vous n'êtes pas obligé de vous déplacer personnellement, un mandataire peut déposer votre dossier, voire les dossiers de plusieurs personnes à la fois. On vous donnera alors une date pour l'obtention du visa, que vous viendrez récupérer sur place.

Prix du visa

Si vous êtes titulaire d'un passeport français, il vous en coûtera 61 € de droits consulaires et 45 € de frais de prestation de services (TTC) pour obtenir le visa dans un délai de 7 à 21 jours ouvrables (4-15 jours en procédure accélérée avec un supplément de coût) à payer par carte bancaire ou en espèces sur place (tarifs 2019).

Bon à savoir – Si vous voulez vous épargner des démarches et des déplacements, les agences de voyages ou des agences spécialisées se chargent de ces formalités. Comptez 180-200 € pour le tout et 15 jours ouvrés.

Action Visas – 12 r. du Moulin-des-Prés, 75013 Paris - ✆ 01 4 88 56 70 - www.action-visas.com.

Visas express – 54 r. de l'Ouest - 75661 Paris Cedex 14 - ✆ 0825 08 10 20 - visas-express.fr.

Visa privé

Si vous vous rendez en Russie sur invitation de personnes privées, vos hôtes doivent vous fournir l'original du certificat d'hébergement qu'ils auront obtenu de leur côté et vous ferez une demande de visa privé.

DOUANES

Attention à vos envies d'icônes, de tableaux ou de samovars. Vous **ne pouvez rapporter que des objets produits après 1945**, sous peine de confiscation, à moins d'avoir obtenu une autorisation auprès d'un organisme dépendant du ministère de la Culture. Certains antiquaires se chargent des formalités (il peut y avoir des droits à payer). Si vous achetez une copie d'icône, demandez que cela soit indiqué sur la facture, et, si vous vous laissez tenter par un petit tableau sans valeur, faites-le dédicacer par l'auteur. Vous pouvez rapporter en France 250 g de caviar avec facture, deux cartouches de cigarettes, deux bouteilles de vodka (à vérifier à la date de votre voyage). À l'aéroport, n'oubliez pas de remplir une fiche de douane si vous transportez des objets de valeur et plus de 3000 $.

VENIR EN AVION

Depuis Paris, seules Air France et Aeroflot assurent une liaison directe avec Saint-Pétersbourg (env. 3h15/3h30).

Air France – ✆ 36 54 - www.airfrance.fr. Vols au départ de CDG.
Aeroflot – ✆ 080 598 0010 - www.aeroflot.ru/fr-fr.
Swiss International Air Lines – ✆ 0892 23 25 10 - www.swiss.com ; vol avec correspondance depuis Paris.

ARGENT

La monnaie de la Fédération de Russie est le **rouble** (рубль), divisé en **100 kopecks** (копейк). Elle est émise en pièces de 1, 5, 10 et 50 kopecks, et de 1, 2, 5 et 10 roubles et en billets de 50, 200, 100, 500, 1 000, 2 000 et 5 000 roubles. Sur vos pièces et vos billets, en raison des règles complexes des déclinaisons, ne soyez pas étonné de lire : копейка, копейки ou копеек, et рубль, рубли ou рублей.

Change p. 130.

SAISONS

L'**hiver** a beaucoup de charme dans la cité des tsars. C'est l'occasion d'observer les morses, baigneurs intrépides qui plongent dans la Neva glacée, les pêcheurs assis sur le fleuve ou la Baltique gelée, qui attrapent des poissons pratiquement déjà congelés ! C'est aussi la saison des joies du ski de fond, de la luge et des balades en troïka dans les parcs. Mais la ville est surtout connue pour les **Nuits blanches**. Dans le nord de la Russie, **du 11 juin au 6 juillet**, il ne fait vraiment nuit que trente à quarante minutes, et l'Ermitage est encore éclairé par le soleil à 23h. Si vous choisissez cette période de l'année, vous bénéficierez bien sûr de la magie de ces nuits claires, mais sachez qu'hôtels, restaurants, spectacles et musées sont pris d'assaut, surtout autour du 21 juin.
Brèves et très arrosées, les **intersaisons** ne sont pas particulièrement agréables, mais c'est l'époque où les tarifs hôteliers sont les plus avantageux.

POUR EN SAVOIR PLUS

www.visit-petersburg.ru/fr_saintpetersbourg – Site touristique officiel de la ville.
saint-petersbourg.org – Informations touristiques.
a-a-ah.com/city/spb – Les lieux tendance et les coins branchés.
www.calvertjournal.com – Les courants d'avant-garde et les lieux créatifs en Russie et en Europe de l'Est.
www.russie.net – Le plus complet. Depuis 1997, une fenêtre ouverte sur la Russie dans les domaines culturel, économique et touristique.
forum-voyage-russie.com – Portail de la communauté francophone de Russie, avec des réponses à de nombreuses questions ; la rubrique « Conseils en tout genre » est savoureuse.
www.lecourrierderussie.com – Un bimensuel en français pour des informations sur l'actualité en Russie.
www.regard-est.com – Regroupe et commente en français un bon nombre de revues et de périodiques slaves.

Informations touristiques p. 133 et Presse p. 135.

TSAR VOYAGES
LA RUSSIE PASSIONNÉMENT
FAITES CONFIANCE À NOS SPÉCIALISTES
Anaïs NOEL
Week-ends et séjours
Saint-Pétersbourg
Elisabeth DESPRAT
Croisières
Saint-Pétersbourg
Antoine MORIN
Mini-groupes
Saint-Pétersbourg
Depuis 10 ans nos experts à vos côtés
À Paris, Moscou et Saint-Pétersbourg
01 75 43 96 77
TSARVOYAGES.COM

Votre séjour de A à Z

CHANGE

Avant votre départ, vous pourrez acheter des roubles en ligne et les récupérer dans un bureau à proximité (www.travelex.fr) ou demander le service de change à une agence bancaire, même si le rouble est très peu traité en dehors de la Russie.
À votre arrivée, vous pouvez changer vos euros ou vos dollars à l'aéroport ou à l'hôtel (taux moins avantageux) ou dans les banques des quartiers touristiques. Vous devrez le plus souvent présenter votre passeport et il vous sera remis une fiche à garder pour la douane, au cas où. Si, à la fin de votre séjour, il vous reste des roubles, dépensez-les ou changez-les avant de passer la douane. Évitez d'emporter des chèques de voyage, difficilement négociables.
Les banques sont ouvertes en général du lundi au vendredi de 9h à 17h ou 18h.
La meilleure option est d'utiliser votre carte de crédit pour les paiements, mais aussi pour obtenir des espèces dans les distributeurs automatiques. La commission sera plus avantageuse par rapport aux autres solutions.
En novembre 2019, le taux de change était de 71 Roub. pour 1 €, et 66 Roub. pour 1 USD.
Argent p. 128.

CONSULATS

France – Nevski pr. 12 - M° Admiralteïkaïa - ✆ (812) 332 22 70 - ambafrance-ru.org/-Consulat-Saint-Petersbourg.
Belgique – Naberezhnaya Reki Moyki, 42, A, office 38-H - ✆ (812) 740 70 88/ +7 (911) 762 56 62 (service de garde en cas d'urgence extrême) - www.russia.diplomatie.belgium.be/fr.
Luxembourg – Teatralnaïa pl. 1 - Ⓜ Sadovaïa - ✆ (812) 714 56 24 - moscou.mae.lu/ru. Les demandes de visa se font à Moscou.
Suisse – Tchernychevskovo pr. 17 - Ⓜ Tchernichevskaïa - ✆ (812) 327 08 17 - www.eda.admin.ch/stpetersburg.

DÉCALAGE HORAIRE

Le décalage entre la France et la Russie est de + 1h. Quand il est midi en Belgique, en France et en Suisse, il est 13h à Saint-Pétersbourg. Le passage à l'heure d'été et d'hiver se fait au même moment qu'ailleurs en Europe.

ÉGLISES

La plupart des églises sont désormais ouvertes au culte. Les visiteurs y sont tolérés, sans plus. Couvrez-vous la tête (femmes) ou découvrez-vous (hommes), abstenez-vous de prendre des photos ou de parler à voix haute.
Le monde orthodoxe p. 158.

ÉLECTRICITÉ

Le courant est de 220 volts. Il est inutile d'emporter un adaptateur.

ÉTAGE

En Russie, le rez-de-chaussée compte pour le 1er étage *(piervi etaj)*, le 1er étage pour le 2e *(vtaroï etaj)*, le 2e pour le 3e *(tretiï étaj)*, etc.

EXCURSIONS ET VISITES

Première initiative de ce genre en Russie, le pass **Saint Petersburg Card** (**SPC)** permet de bénéficier de la gratuité ou de tarifs réduits dans un grand nombre de sites et de musées. Comptez 4500 Roub. pour 2 jours, 5700 Roub. pour 3 jours et 6950 Roub. pour 5 jours. Vous pouvez l'acheter dans les bureaux d'informations touristiques (*p. 133*) ou en ligne et la faire livrer à votre hôtel. L'option 5 jours peut être intéressante si vous prévoyez un rythme intensif de visites (3 musées ou églises par jour et au moins un palais des environs).
Rens. : www.petersburgcard.com

Bateau

À la belle saison, les canaux sont ouverts à la circulation des **bateaux** de passagers. Vous trouverez ces embarcations en contrebas des ponts du centre-ville et devant l'Ermitage. Comptez env. 700 Roub. pour une heure.
Neptun – *embarcadère 26 nab. reki Moika (au pied de l'hôtel Kempinski) - ✆ (812) 924 44 52 ou (911) 924 44 51 - neptun-boat.ru - bateaux de 8 à 30 pers. (possibilité de privatiser) - 13h-21h (départs ttes les 2 h) - 700 Roub./adulte.* Excursion d'1h entre la Moïka, la Neva et la Fontanka (audioguides en français). Compagnie fiable et efficace.

Car

Autour du Gostiny Dvor et sur la place du Palais, vous trouverez aussi un grand nombre d'offres d'excursions à travers la ville et dans les environs, mais vous serez confrontés au même problème de la langue. Les **tours panoramiques en car**, nocturnes d'avril à octobre, introduisent à la magie de la ville la nuit, lorsque les monuments sont éclairés et que les ponts s'ouvrent.
Peter's Walking Tour – *Grazhdanskaïa oul., 13-15 - Ⓜ Maïakovskaïa - ✆ (812) 943 12 29 - www.peterswalk.com.* L'une des rares compagnies à s'adresser aux touristes étrangers organise, selon les saisons, toutes sortes de visites guidées thématiques en anglais, à pied, en bus voire à vélo : héritage communiste de la ville, histoire politique russe, dans les pas de Raspoutine...

Pas de panique !

Ambulances : ✆ 03
Police : ✆ 02
Pompiers : ✆ 01
Tourist Help Line (assistance aux touristes), 24h/24 : ✆ (812) 303 05 55 et (812) 300 33 33
Santé p. 136.

Bus à impériale
Il invite à monter et à descendre à volonté, selon un itinéraire ponctué de onze arrêts. Un plan et un casque diffusant un commentaire dans une langue à choisir sont distribués aux usagers. Le billet coûte 2 000 Roub. pour une journée; vous pouvez l'acheter en ligne et l'imprimer avant votre départ, ou directement dans le bus, ou encore dans les kiosques vendant des billets de spectacle, comme celui qui se trouve Nevski pr. 42. Rens. : ✆ (812) 648 12 28 - citytourspb.ru

Visites guidées
Pour des visites en anglais ou en français, il faut faire appel à un **guide privé**. Ils sont nombreux à offrir leurs services sur Internet. Vous pouvez aussi vous adresser à votre hôtel.
Autour de l'Ermitage et du musée Russe, vous trouverez aussi des guides privés parlant des langues étrangères.

HANDICAP

La Russie est encore très mal équipée pour les voyageurs à mobilité réduite. Très peu d'hôtels offrent des chambres adaptées.
Quelques musées, comme l'Ermitage et le musée Russe, sont accessibles sur réservation préalable.

HÉBERGEMENT

Catégories
À côté des hôtels appartenant aux **chaînes occidentales** ont fleuri un nombre incroyable de « boutique hôtels » et surtout de « **mini-hôtels** ». Souvent aménagés dans d'immenses appartements, ils possèdent tout le confort nécessaire, bénéficient d'un emplacement central et réservent un accueil moins anonyme à leurs hôtes. Tous les établissements disposent d'un site Internet par le biais duquel on peut réserver et payer sa chambre, mais aussi se procurer le précieux *voucher* nécessaire à l'obtention du visa (demandez le *Visa support*). C'est l'hôtel qui s'occupera des formalités d'enregistrement à votre arrivée; la plupart peuvent aussi se charger du transfert de l'aéroport et de l'organisation de sorties (excursions, réservations de billets...).
Il existe aussi un certain nombre d'**auberges de jeunesse**, appelées « hostels », généralement bien placées mais au confort plus sommaire (www.hostelworld.com, www.hihostels.com).
Enfin, il est possible de séjourner chez l'habitant ou de louer un **appartement** (voir www.airbnb.com par exemple).

À savoir
Malgré les triples vitrages, les chambres sur rue sont souvent bruyantes; privilégiez celles sur cour si vous avez le sommeil léger, et prenez un masque pour vous protéger de la lumière pendant les Nuits blanches.
De plus en plus d'hôtels sont non-fumeurs.
La plupart des hôtels possèdent au moins trois catégories de chambres et les prix peuvent varier jusqu'au double.

Les périodes les plus convoitées – et les plus chères – sont la période des Nuits blanches (de mi-mai à mi-juillet) et les fêtes de fin d'année, qui voient affluer de nombreux visiteurs. N'hésitez pas à réserver 2 à 3 mois à l'avance, surtout dans les mini-hôtels. Pour la période des Nuits blanches, il n'est pas excessif de réserver 6 mois à l'avance.

Bon à savoir – Vous trouverez souvent des forfaits intéressants sur les sites Internet des hôtels, en particulier pour le week-end, y compris sur ceux des palaces historiques de la ville que sont le **Grand Hôtel Europe** (*www.grandhoteleurope.com*, *p. 38*) et l'**Astoria** ((*www.roccofortehotels.com*, *p. 51*), deux magnifiques hôtels de style Art nouveau.

Si vous réservez votre hôtel par le biais d'une agence de voyages ou d'un séjour organisé, vérifiez bien sa localisation sur le plan, car il pourrait s'agir d'un ancien établissement de l'Intourist (organisme du tourisme au temps de l'URSS) ; la plupart ont été modernisés mais se situent dans des quartiers excentrés.

Se loger p. 121.

HORAIRES

Les magasins sont ouverts tous les jours, y compris le dimanche pour la plupart, mais pas les jours fériés. Prenez garde aux **fermetures inopinées** pour cause d'inventaire (*outchiot*/учёт), de grand nettoyage (*sanitarny dien*/санитарный день) ou de travaux (*remont*/ремонт).

Magasins d'alimentation – 8h/9h-20h/21h, voire 22h. Certains font une pause d'une heure entre 13h et 14h, ou entre 14h et 15h. De nombreux petits magasins sont ouverts 24h/24.

Grands magasins – Le Gostiny Dvor (*p. 112*), et d'autres grands magasins de Saint-Pétersbourg sont ouverts tous les jours et sans interruption.

Autres magasins – Généralement 9h/10h-19h/20h.

Banques et compagnies aériennes – Généralement 9h-17h, sauf sam. et dim.

Restaurants – Tous les cas de figure sont possibles, et beaucoup d'établissements ont des horaires très larges (7h-23h et bien au-delà), voire sont ouverts 24h/24.

INFORMATIONS TOURISTIQUES

Bon à savoir – Les **hôtels** sont une excellente source de renseignements. Vous y trouverez le plus souvent divers dépliants, un plan de la ville et du métro. Vous pourrez y commander des excursions, un guide, une place de spectacle, un taxi, un transfert pour l'aéroport...

Bureau d'information touristique de la ville de Saint-Pétersbourg (Gorodskoïe Touristko-informatsionnoïe buro/Городское туристско-информационное бюро)– www.ispb.info. Il compte onze antennes, où l'on trouve des plans, quelques dépliants, des suggestions de promenades à travers la ville. On peut y acheter la Saint Petersburg Card (*p. 131*). On pourra aussi vous aider si vous avez des démarches

à effectuer auprès de la police (déclaration de vol par exemple).
Antenne principale – *Sadovaïa oul. 14/52 (à l'angle de la perspective Nevski) - ✆ (812) 242 39 09.* Vous trouverez un centre à l'aéroport et un autre près de l'entrée de l'Ermitage *(Dvortsovaïa pl. 12).*
Tourist Help Line – ✆ (812) 300 33 33, (812) 303 05 55.
Excursions et visites p. 131 et Agenda culturel p. 140.

INTERNET

Aucun problème pour se connecter en wifi dans la plupart des hôtels, des restaurants et des cafés. Au moment de la connexion, on vous demandera souvent votre numéro de téléphone pour vérification. Vous recevrez un appel, mais ne devez pas répondre.
Café Max – 90 Nevski pr. - Ⓜ Maïakovskaïa - ✆ (812) 273 66 55 - www.cafemax.ru. Café Internet ouvert 24h/24.

JOURS FÉRIÉS

Leur nombre exact est un casse-tête. Si le jour férié tombe un week-end, le lundi ou le vendredi est férié également. Si c'est un jeudi, le vendredi et le samedi sont chômés. En conséquence, autour d'un jour férié, il faut prévoir des fermetures dans les services publics.
1er janvier – **Nouvel An**.
7 janvier – **Noël orthodoxe**.
23 février – **Jour des Défenseurs de la patrie**, autrefois jour de l'Armée soviétique et de la Marine. C'est la fête des hommes, les femmes leur font des cadeaux.
8 mars – **Journée internationale de la Femme**. Les hommes offrent des fleurs à leur épouse, leur mère et à leurs collègues de travail.
1er mai – **Fête du Printemps et du Travail**. Les défilés ont tendance à céder la place aux balades en famille.
9 mai – **Fête de la Victoire**. Elle marque la fin de la Grande Guerre patriotique et la capitulation de l'Allemagne en 1945.
12 juin – **Fête de l'Indépendance de la Russie** (**fête nationale**). Elle commémore l'adoption, en 1990, de la déclaration sur la souveraineté de la Fédération de Russie.
4 novembre – **Fête de l'Unité du Peuple**. Elle célèbre le souvenir de la fin de l'occupation polonaise et la libération de Moscou par Minine et Pojarski en 1612.

LANGUE

Dans les hôtels et les restaurants « occidentalisés », vous trouverez des interlocuteurs parlant anglais; n'hésitez pas à demander s'il existe une carte en anglais pour vous faciliter la tâche *(voir le lexique, à l'intérieur du 2e rabat de couverture).* En revanche, ne vous attendez pas à croiser beaucoup de francophones en Russie.
La langue russe p. 165.

MUSÉES ET MONUMENTS

Les jours de fermeture et les horaires varient d'un musée à l'autre; la plupart, outre leur jour

de fermeture hebdomadaire, sont fermés une fois par mois pour le nettoyage. Les caisses cessent de fonctionner généralement 45mn à 1h avant la fermeture du musée.
Dans les grands musées, les **tarifs** pour les étrangers, plus élevés que pour les Russes, sont comparables à ceux des musées européens.
Vous devrez souvent vous acquitter d'un droit pour prendre des photos et des films.
Vous trouverez généralement un vestiaire *(gardierob/*гардероб) et, souvent, une cafétéria et une boutique vendant des cartes postales, livres et souvenirs.
Enfin, sachez qu'explications et commentaires sont souvent en russe.

PONTS

La nuit, à partir d'1h30, les ponts sur la Neva se lèvent afin de laisser passer les navires à fort tonnage.
Si le spectacle ne manque pas de pittoresque, surtout pendant les nuits blanches, veillez à ne pas vous trouver bloqué du mauvais côté de l'eau !
Horaires consultables sur saint-petersbourg.org.
La ligne de métro 5 reste active toute la nuit pendant l'été *(www.metro.spb.ru).*

POSTE

Poste principale *(Glavpotchtamt/*Главпочтамт) – Potchtamtskaïa oul. 9, Ⓜ Admiralteïskaïa, à quelques pas de la cathédrale St-Isaac, ouverte 24h/24. C'est un superbe bâtiment Art nouveau qui mérite une visite.
Adressez-vous au comptoir 24 pour le courrier en partance pour l'étranger. Il y a aussi un bureau de change. *En travaux de renovation au moment de notre passage.*
Bon à savoir – Si vous donnez votre courrier à poster à l'hôtel, il y a toutes les chances qu'il soit envoyé à l'étranger *via* la Finlande voisine : le tarif sera alors celui en vigueur dans ce pays (plus un supplément pour le service), mais il arrivera bien plus vite qu'avec la poste russe.

POURBOIRE

Dans les cafés et restaurants, le service est inclus dans le prix, mais le pourcentage est fantaisiste, variant de 5 à 20 %, et souvent difficilement déchiffrable sur l'addition. À vous de juger, en fonction de votre satisfaction.

PRESSE

Il existe un bimensuel économique et culturel en français, **Le Courrier de Russie** (www.lecourrierderussie.com).
La presse locale constitue une bonne source d'informations : **Pulse** (pulse.ru - en russe), **Where** (where.ru - en russe). Vous les trouverez dans les hôtels, certains restaurants et musées.
Presse française : essayez dans les kiosques des grands hôtels, mais la distribution y est aléatoire.

REPAS

En Russie, on n'est pas très à cheval sur l'heure des repas, ni sur leur

composition et vous ne saurez dire si les gens que vous verrez attablés devant un repas consistant à 16h prennent un déjeuner tardif ou un dîner anticipé.
Sauf dans les endroits les plus formels, vous composerez votre repas comme bon vous semble.
Vous verrez aussi que les Russes ne savent pas prendre le thé ou le café sans grignoter quelque chose.
Plutôt consistant, le **petit déjeuner** (*zavtrak*/завтрак) s'organise sous forme d'un buffet dans les grands hôtels, avec fromages, charcuteries, œufs, poissons fumés, viennoiseries, *blini*, fruits.
Le **déjeuner** (*obied*/обед) comprend traditionnellement une soupe ainsi qu'un plat et son accompagnement.

À la maison, le **dîner** (*oujin*/ужин) est un repas assez léger, composé de petits sandwichs et de salades. Au restaurant, vous ferez à votre guise.
Se restaurer p. 100 et Une cuisine haute en saveurs p. 161.

SANTÉ

La principale recommandation consiste à **ne pas boire l'eau du robinet**, à moins qu'elle ne soit bouillie. Préférez l'eau minérale vendue en bouteille.
Vous pourrez acheter facilement des médicaments dans les **pharmacies** (*aptieka*/аптека), signalées par une croix verte ou bleue; beaucoup sont ouvertes 24h/24 comme celle située Nevski pr. 98, Ⓜ Maïakovskaïa.
En cas de problème sérieux, le **consulat de France** tient à disposition une liste de médecins accrédités.
Vous pouvez aussi vous adresser à un **centre médical** pour étrangers comme AMC (American Medical Clinic/Американская Медицинская Клиника) - nab. reki Moïki 78 - Ⓜ Nevski Prospekt - ✆ (812) 740 20 90, 24h/24 - www.amclinic.com.

SÉCURITÉ

Le plus grand danger auquel vous aurez à faire face provient de la **circulation** ! Traverser la rue demande la plus grande prudence, même sur les passages piétons, pas toujours faciles à trouver, car les panneaux sont accrochés très haut. Les feux tricolores indiquent le temps qu'il reste pour traverser. Parfois, les rues sont si larges que vous ne pouvez traverser que par un passage souterrain (*perekhod*/переход), indiqué par un panneau représentant un piéton descendant des marches : n'essayez pas de traverser en surface, ce serait au péril de votre vie.

Quelques conseils

Comme dans toutes les grandes villes, faites attention aux **pickpockets** dans le métro et sur les lieux touristiques.
Évitez de vous retrouver tard le soir dans des rues désertes ou de prendre comme taxi un véhicule privé la nuit.
Méfiez-vous aussi de certains lieux (casinos, « Gentlemen's Club »...) et de certaines propositions, comme celles de changer de l'argent dans la rue à un taux particulièrement intéressant.
Gardez toujours les coordonnées de votre hébergement en cyrillique

avec vous pour vous faire guider en cas de besoin. Faites une photocopie de votre passeport et conservez-la à l'hôtel.

TARIFS

Musées, spectacles, excursions : ne vous étonnez pas de voir affichés plusieurs tarifs dont l'un, nettement plus élevé, s'applique spécifiquement aux visiteurs étrangers. Même si vous ne l'entendez pas de cette oreille, on juge en Russie que votre pouvoir d'achat n'a rien à voir avec celui de la population locale – ce qui est généralement vrai – et on estime que vous avez les moyens de payer plus. Si vous êtes pris en faute, on vous demandera d'acquitter la différence.

TAXI

Les **taxis officiels** sont libres quand ils affichent un voyant vert. Si vous ne parlez pas le russe, prenez la précaution de disposer de votre destination rédigée en cyrillique. Nombreuses compagnies, dont www.taxity.ru - ✆ (812) 600 88 88.
L'**appli Yandex** est très pratique pour commander un taxi avec votre portable : elle vous localise automatiquement et vous indique déjà le prix de la course. Pensez à la télécharger avant votre départ. Elle pourra aussi vous être utile pour négocier un prix correct avec les chauffeurs, qui cherchent souvent à profiter des touristes pour obtenir des tarifs plus avantageux.
Une autre bonne solution est de commander votre course par votre hôtel, qui vous en communiquera le montant à l'avance.
Quel que soit le taxi dans lequel vous embarquez, mettez-vous d'accord sur le prix de la course avant de monter (les compteurs n'ont souvent qu'une valeur décorative) et ne montez pas dans une voiture où le chauffeur n'est pas seul.

Se repérer au fil des rues

Au cours de vos promenades, vous retrouverez un certain nombre de termes sur les vitrines, les enseignes et les portes.
24 ЧАСА *(24 tchassa) : ouvert 24h/24*
ПРОДУКТЫ *(prodoukty) : supérette*
УНИВЕРСАМ *(ouniversam) ou* УНИВЕРМАГ *(ounivemag) : supermarché*
РЕМОНТ *(remont) : réparation*
САЛОН КРАСОТЫ *(salon krassoty) : institut de beauté*
ЧАСЫ *(tchassy) : montres*
К СЕБЕ *(ka sibié) : tirez (la porte)*
ОТ СЕБЯ *(ot sibia) : poussez (la porte)*
ВХОД *(vkhod) : entrée*
ВЫХОД *(vykhod) : sortie*
Pour connaître les types de restaurants, voir « Se restaurer » p. 100.

Des **véhicules privés** font office de taxi. Méfiez-vous de ceux qui attendent dans une voiture « de luxe » à proximité des lieux touristiques. Ce sont en général des escrocs qui facturent des tarifs exorbitants aux touristes. En revanche, des chauffeurs privés circulent et pratiquent les tarifs des taxis officiels.
Comptez environ 200/300 roub. pour une course en centre-ville d'une dizaine de minutes et entre 1 000 et 1 500 Roub. la course entre l'aéroport Poulkovo et le centre historique.

TÉLÉPHONE

De l'étranger – Composez le 00 7 (Russie) + 812 (Saint-Pétersbourg) + les 7 chiffres du numéro de votre correspondant.

Depuis Saint-Pétersbourg vers la France – Composez le 8 + 10 + 33 + le numéro de votre correspondant sans le 0 (indicatif Belgique : 32; Luxembourg : 352; Suisse : 41).
Cartes prépayées – À acheter avant votre départ, elles sont assez économiques si vous voulez appeler à l'étranger. Si vous souhaitez acheter une carte sur place, demandez conseil auprès de votre hôtel.
Numéros locaux – Il n'est pas utile de composer le 812 pour appeler un numéro de téléphone en ville.
Téléphones portables – Ils commencent par 7 + un n° à 3 chiffres variant selon l'opérateur + le n° à 7 chiffres du correspondant.
Attention : il n'est pas possible d'appeler un portable de tous les postes fixes en Russie.

TOILETTES

La propreté des toilettes publiques laisse souvent à désirer. Fréquentez plutôt celles des restaurants et des musées. La lettre **M** *(moujtchina)* indique les toilettes pour hommes, **Ж** *(jenchina)* celles pour femmes.

TRANSPORTS EN COMMUN

Préparez-vous avant tout à beaucoup marcher ! Les stations de métro sont éloignées les unes des autres et le centre-ville se découvre surtout à pied.

Métro

www.metro.spb.ru
Avec ses lignes qui passent sous la Neva, le métro de Saint-Pétersbourg est le plus profond du monde. Il compte cinq lignes qui couvrent presque toute la surface de la ville. Il fonctionne de 6h à 0h, sauf la ligne de métro 5, qui reste active toute la nuit pendant l'été.
Rapide et pratique, il ne constitue pas toujours une solution idéale si la station est éloignée de votre but de promenade. Certains endroits ne sont pas desservis, comme le quartier du théâtre Mariinski, à l'ouest de la place Sennaïa, ou le quartier de Smolny. Notez également que la station Vassileostrovskaïa se trouve assez loin des principales curiosités de l'île Vassilievski. À cause de sa profondeur, en outre, une fois dans le métro, le seul trajet sur l'Escalator prend 2 ou 3mn !
Il n'existe pas de tickets mais des **jetons** qu'on achète aux guichets

dans la station (*kassa*/касса), ou dans les distributeurs automatiques. Un jeton coûte 45 Roub. et n'est valable que pour le métro. Il existe également une **Smartcard** de 10 trajets, valable 7 jours (355 Roub.). Il suffit de présenter la carte dans n'importe quel sens devant la lumière du portillon.

Une même station peut porter différents noms, selon qu'elle est indiquée sur une ligne ou sur une autre (ex. Gostiny Dvor/Nevski Prospekt).

Bus, minibus, trams et trolleys

Le réseau est lent et compliqué à utiliser.
Un panneau avec un **A** (*avtobus*) signale l'arrêt des bus, un **T** celui des tramways et trolleybus. Vous pouvez acheter des **tickets** (*talon*/талон) directement auprès du chauffeur ou d'une ouvreuse à l'intérieur (40 Roub.).
Le **bus 7** est intéressant pour les touristes : il dessert Nevski et l'île Vassilievski et permet par exemple d'atteindre la Strelka et le quai de l'Université *(p. 78)*, si vous ne voulez pas marcher.

En elektrichka

Ces trains de banlieue desservent notamment les résidences impériales des environs. Ils offrent, en même temps qu'un moyen de transport, une fenêtre sur une tranche de vie russe. Des *babouchkas* se rendent à leurs datchas, chargées d'outils de jardinage, ou en reviennent avec des seaux remplis des récoltes de leurs lopins de terre ; des vendeurs ambulants débitent leur discours, qu'ils associent à une démonstration, voire à un spectacle pour vendre les articles les plus divers.
Les trains pour Peterhof partent de la gare Baltiski (*Baltiski vokzal*/ Балтийский вокзал), Ⓜ Baltiskaïa ; ceux pour Tsarskoïe Selo et Pavlovsk partent de la gare Vitebskï (*Vitebskï vokzal*/Витебский вокзал), Ⓜ Pouchkinskaïa.
Les billets s'achètent à la gare. Inutile de les composter.
Attention : il n'y a pas de toilettes dans ces trains.

Aquabus

À la belle saison, des embarcations de couleurs bleu et blanc circulent théoriquement de 8h à 20h, toutes les 15-20mn, desservant 7 arrêts (100 Roub./trajet) du nord au sud de la ville, approximativement de la station de métro Staraïa Derevnia (ligne 5) au *Cavalier de bronze* *(p. 50)*, en passant par le quai de Petrograd (Petrogradskaïa nab.), celui de l'Arsenal (Arsenalnaïa nab.) et le jardin d'Été *(p. 20)*.

VÉLO

Quelques rares courageux – inconscients ? – s'y risquent mais vous vous rendrez vite compte qu'à l'exception de certaines zones protégées comme les îles du delta de la Neva, Saint-Pétersbourg n'est pas faite pour le vélo.

Agenda culturel

www.spbmusicguide.info

Janvier

▶**Festival de l'hiver russe** *(Russian Winter Festival)* – Jeux d'hiver dans les parcs de la ville.

Février-mars

▶**Maslenitsa** (Chandeleur) – *Une sem. av. le grand carême orthodoxe, soit 7 sem. av. Pâques (env. fin fév.).* Animations et confection de *blini*, en particulier sur l'île Elaguine.

Mai

▶**Jour de la Victoire** – *9 mai.* Défilé de vétérans, défilés militaires et feu d'artifice.

▶**Fête de la ville** *(City Day)* – *27 mai et w.-end suiv.* Tout le monde est dehors pour des concerts, spectacles en plein air, fanfares, courses à roller, etc.

▶**Les Nuits blanches** *(White Nights)* – *Fin mai-mi juil.* Multiples spectacles et animations, dont le Festival de jazz (**Swing of the White Nights**, www.jazz-hall.ru) et le Festival des étoiles des nuits blanches (**Stars of the White Nights**, danse classique et art lyrique, www.mariinsky.ru).

Juin

▶**Les Voiles rouges** *(Scarlet Sails)* – *3e w.-end de juin.* Pour la fin de l'année scolaire, feux d'artifice, défilés, concerts et passage d'un voilier aux voiles rouges sur la Neva.

▶**Swing Fest** – *Mi-juin - swingfest.ru.* Quatre jours de concerts et autant d'occasions de danser.

Juillet

▶**Petrojazz** – *Mi- juil. - petrojazz.ru.* Jazz, acid jazz, funk, disco, soul, blues, ethno, folk, world music. Plus de 200 musiciens se produisent pendant trois jours.

▶**Fête de la flotte russe** *(Russian Navy Day)* – *Dernier w.-end de juil.* Parade de la flotte militaire de la Baltique, autour du quai du Palais.

Septembre-octobre

▶**Cérémonie de fermeture des fontaines de Peterhof** – *Entre fin sept. et mi-oct. - peterhofmuseum.ru.* Chaque année, la fermeture des fontaines donne lieu à une soirée d'illuminations exceptionnelles. La date, liée à la météo, est fixée tardivement.

Novembre

▶**Festival international d'accordéon** *(International Accordion Festival)* – *3 j. déb. nov. - www.accofestival.spb.ru.* Démonstrations et concerts des virtuoses de l'accordéon et du bayan.

Pour en savoir plus

Les grandes dates 144
Trois siècles d'histoire 146
Une ville sur l'eau 151
Les nuits blanches 152
Une héroïne littéraire 155
Les arts du ballet 157
Ors et encens : le monde orthodoxe 158
Une cuisine haute en saveurs 161
La langue russe 165

Ermitage : galerie des loges de Raphaël.
G. Mulroo/ Zoonar GmbH RM/age fotostock

Les grandes dates

1703 – Fondation de la ville par **Pierre le Grand**.
1712 – Saint-Pétersbourg devient **capitale de la Russie**.
1725 – Mort de **Pierre le Grand**.
1730-1740 – Règne d'Anna Ivanovna (Anne Ire).
1741-1761 – Règne d'Élisabeth Petrovna (Élisabeth Ire). Édification de la ville dans le style baroque par Francesco Bartolomeo Rastrelli.
1762-1796 – **Règne de Catherine II.** Essor du commerce, de l'industrie et des arts.
1800-1820 – Carlo Rossi, architecte d'Alexandre Ier, remodèle la ville dans le style Empire.
1824 – Plus grande inondation jamais enregistrée.
1825 – Complot des décembristes.
1861 – Abolition du servage.
1881 – Assassinat d'Alexandre II.
1904-1905 – Guerre russo-japonaise.
1905 – Dimanche rouge, prélude à la révolution dite de 1905.
1914 – Saint-Pétersbourg est rebaptisée **Petrograd**. La Russie entre en guerre aux côtés de la France et du Royaume-Uni.
1917 – Révolution de Février puis d'Octobre avec la prise du palais d'Hiver. Les bolcheviks lancent des pourparlers de paix.
1918 – Saint-Pétersbourg **perd son statut de capitale** au profit de Moscou.
1921 – Mutinerie des marins de Cronstadt.
1922 – Proclamation de l'URSS.
1924 – La ville prend le nom de **Leningrad** à la mort de Lénine.
1934 - Assassinat de Sergueï Kirov ; début des purges staliniennes.
1941-1944 – **Siège de Leningrad** par l'armée allemande.
1953 – Mort de Staline.
1955 – Ouverture de la première ligne de métro.
1985 – Mikhaïl Gorbatchev, premier secrétaire du PCUS.
1991 – Par référendum, Leningrad redevient **Saint-Pétersbourg** ; dissolution de l'URSS.
1998 – Inhumation dans la cathédrale St-Pierre-et-St-Paul des corps de Nicolas II et de plusieurs membres de la famille impériale exécutés en 1918.
2003 – Célébration en grande pompe du tricentenaire de la ville.
2006 – Le sommet du G8 a lieu à Saint-Pétersbourg.
2011 – Georgy Poltavchenko, proche de Vladimir Poutine, nommé gouverneur de la ville.
2012 – Réélection contestée de Vladimir Poutine à la tête de la Fédération de Russie.
2013 – 310e anniversaire de la ville.
2018 – Élection présidentielle. Vladimir Poutine est réélu au premier tour.
14 juin-15 juillet. La Russie accueille la Coupe du monde de la FIFA. Nouvelle arène ultramoderne de Saint-Pétersbourg, le stade Krestovski, achevé en 2017, accueille une partie des matchs du grand rendez-vous footballistique.

DYNASTIE DES ROMANOV

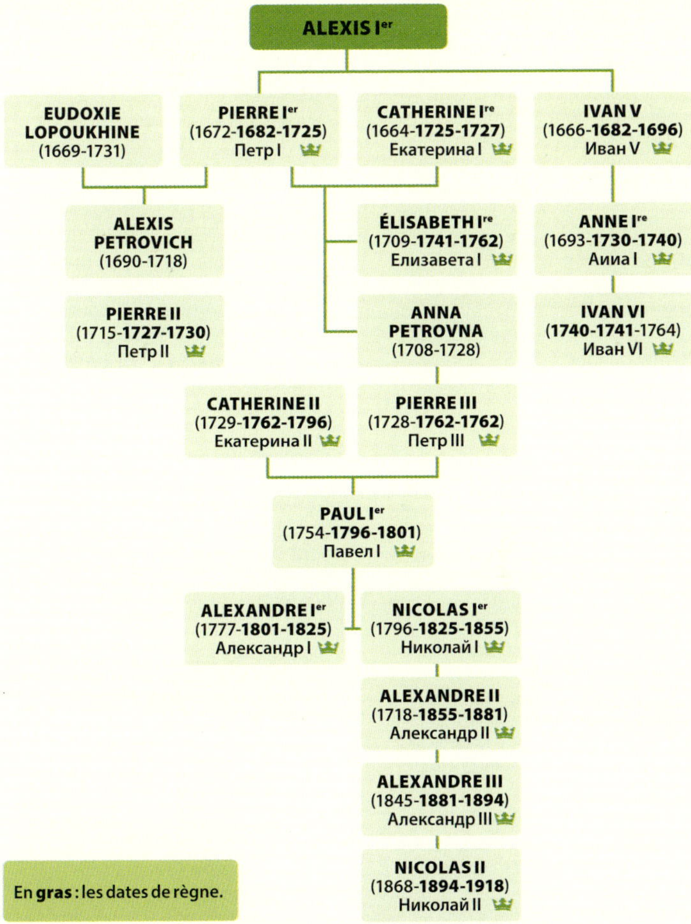

Trois siècles d'histoire

Saint-Pétersbourg est née de la volonté d'un seul homme, le tsar **Pierre le Grand** (1696-1725), grand admirateur de l'Occident. Le souverain, dont l'enfance s'est écoulée à Moscou dans les intrigues et les complots, déteste cette ville. Il lui faut une nouvelle capitale. Le choix du lieu est stratégique : le tsar donne un port, libre de glaces une grande partie de l'année, à son empire, qu'il contribue ainsi à désenclaver. Il lui permet d'avoir enfin une flotte et de tenir à l'œil les frontières de la Suède, ennemie de longue date.

UNE NAISSANCE EN FORME DE DÉFI

L'opération se révèle difficile : située à l'embouchure du **delta de la Neva**, la zone choisie, couverte de marécages insalubres, est exposée à de fréquentes inondations, sans compter les difficultés de navigation liées à la présence des îles qui parsèment le delta du fleuve. Mais nul ne peut s'opposer à la volonté du tsar. En mai 1703, la première pierre de la forteresse Pierre-et-Paul *(p. 69)* est posée. Pierre le Grand fait venir de France et d'Italie les meilleurs architectes et ingénieurs de son temps pour créer la ville idéale dont il rêve. Il réquisitionne ouvriers et artisans, multiplie les *oukazes*, interdisant par exemple de construire en pierre ailleurs que dans la nouvelle cité, imposant aux familles les plus riches d'y faire bâtir une demeure. Les moindres détails sont planifiés, de la largeur des fenêtres à la hauteur des façades. En 1712, après de multiples incidents et au prix de la mort de quelque 150 000 ouvriers, la Russie a sa « fenêtre sur l'Europe ».

UNE NOUVELLE CAPITALE

Les tsars continuent de se faire couronner à Moscou, mais ils exercent désormais leur pouvoir depuis Saint-Pétersbourg, où toute l'administration est transférée. Dès 1724, la ville, forte de 40 000 âmes, compte plus d'habitants que Moscou... et un certain nombre de problèmes d'urbanisme. Soucieux de ne pas entraver la circulation fluviale, le tsar a interdit les ponts, et ce n'est qu'après sa mort que le premier pont flottant sera construit. Pour des raisons pratiques, le centre de la capitale, situé initialement sur l'île Vassilievski, est transféré sur la rive sud du fleuve, à l'emplacement de l'actuel musée de l'Ermitage.
Le règne d'**Élisabeth Petrovna** (1741-1762) est synonyme de développement architectural et culturel ; la fille de Pierre le Grand entreprend entre autres la construction d'une résidence impériale, le palais d'Hiver *(p. 17)*, confiée à l'Italien **Francesco Bartolomeo Rastrelli** (1751-1756), le maître du style baroque, et fonde l'Académie des beaux-arts.

Alexandre Pouchkine, par Oreste Kiprensky.

Catherine II (1762-1796) s'attache aussi à embellir sa capitale, favorisant le style classique qu'elle préfère ; amateur d'art et de culture, familière de Diderot, cette despote éclairée commence à réunir les œuvres qui seront à l'origine du musée de l'Ermitage *(p. 23)*.

L'AUTOCRATIE EN QUESTION

C'est sans surprise que les grandes pages de l'histoire du pays s'écrivent dans sa capitale… En 1801, **Paul Ier**, fils de Catherine II, est assassiné dans le château Michel *(p. 41)*, la forteresse qui devait le protéger. Grand vainqueur de Napoléon, son fils **Alexandre Ier** (1801-1825) affectionne le style Empire, apte à traduire « en pierre » son autorité ; chargé d'une opération d'urbanisme de grande ampleur, l'architecte **Carlo Rossi**, dont la rumeur dit qu'il était le demi-frère du tsar, aménage ainsi la place des Arts *(p. 38)* ou la place du Palais *(p. 15)*, et contribue à donner à la ville le visage que nous lui connaissons. Tout puissant qu'il est, le souverain ne peut empêcher la plus grande inondation jamais enregistrée dans la ville : en novembre 1824, les eaux de la Neva montent jusqu'à 4,21 m, détruisant ou endommageant sérieusement plus de la moitié des édifices. Les sources officielles font état de 480 victimes, la rumeur de 14 000… Dans son célèbre poème *Le Cavalier de bronze*, le grand **Pouchkine** *(p. 22)* ne manquera pas quelques années plus tard d'évoquer l'épisode, revenant sur la volonté tragique de Pierre le Grand d'avoir voulu défier la nature…

Le **complot des décembristes** (1825), coup d'État manqué qui éclate à la mort d'Alexandre Ier, fait apparaître au grand jour l'existence d'un désir de réforme dans certains cercles aristocratiques. S'il refuse l'octroi d'une Constitution ou la formation d'une assemblée représentative, **Alexandre II** (1855-1881), son neveu, consent toutefois à abolir le servage en 1861. Le « tsar libérateur » périra pourtant sous les balles des terroristes du groupe **Narodnaïa Volia** (la « volonté du peuple »), un mouvement anarchiste comme le pays en connaît alors un grand nombre ; l'église du Sauveur-sur-le-Sang-Versé *(p. 41)* sera bâtie à l'endroit même du drame par son fils **Alexandre III** (1881-1894), un souverain particulièrement réactionnaire. Dans les années 1860, les paysans affranchis affluent vers les centres urbains où l'industrie, en pleine croissance, leur fournit du travail. Dans la capitale, les quartiers périphériques de Vyborg, Vassilievski et Petrogradskaïa comptent des centaines d'usines, en particulier, métallurgiques, textiles et agro-alimentaires, qui emploient une main-d'œuvre bon marché, terreau idéal pour les idées révolutionnaires.

LES RÉVOLUTIONS

Arrivé au pouvoir en 1894, **Nicolas II** essuie l'incroyable défaite russe de la guerre contre le Japon (1904-1905) dans un contexte de tensions sociales grandissantes. Le 22 janvier 1905, 150 000 manifestants se dirigent vers le palais d'Hiver pour présenter leurs doléances au tsar. La Garde impériale ouvre le feu, faisant plus de 2 000 morts, mais le **Dimanche rouge** n'en marque pas moins le début de la révolution de 1905. Le tsar consent à convoquer une douma (assemblée consultative), mais la contestation gronde dans tous les foyers industriels de la Russie. À Saint-Pétersbourg, au terme d'une longue grève générale, les ouvriers créent des **soviets** (conseils) pour défendre leurs intérêts.

Le 1er août 1914, l'Allemagne déclare la guerre à la Russie et la capitale, dont le nom est jugé trop germanique, est rebaptisée **Petrograd**. Revers militaires, difficultés économiques, impopularité de la tsarine **Alexandra Feodorovna**, née princesse de Hesse, le mécontentement gronde, les grèves et les protestations se multiplient. En février 1917, la troupe fraternise avec les manifestants, et le tsar ne tarde pas à abdiquer. **Alexandre Kerenski**, l'un des chefs de l'opposition, prend la tête d'un gouvernement provisoire dont l'action est rapidement entravée par les différents soviets que contrôlent les bolcheviks, fraction dominante du Parti ouvrier social-révolutionnaire. Rentré d'exil, **Lénine**, leur leader, publie les *Thèses d'avril*, préconisant le désengagement de la Russie dans la guerre, la non-reconnaissance du gouvernement provisoire et l'instauration du « pouvoir des soviets ». **Trotski**, président du soviet de Petrograd et du Comité révolutionnaire provisoire, est chargé d'organiser la prise du pouvoir.

Dans la nuit du 25 au 26 octobre, après quelques coups de semonce tirés du croiseur *Aurore* (*p. 74*), le palais d'Hiver tombe facilement aux mains des Gardes rouges et de la fraction révolutionnaire de l'armée. Le gouvernement est renversé et le IIe Congrès des soviets entérine la constitution du **Conseil des commissaires du peuple**, présidé par Lénine.

LES TEMPS DIFFICILES

Dès mars 1918, Moscou redevient le siège du pouvoir. La guerre civile qui suit les premières années de la Révolution achève de ruiner l'économie de Petrograd où, en 1921, on dénombre quelque 720 000 habitants, contre plus de 2 millions en 1916. En janvier 1924, la ville change une nouvelle fois de nom : quelques jours à peine après la mort du leader de la révolution d'Octobre, elle est baptisée **Leningrad**. La même année, elle connaît la deuxième crue catastrophique de son histoire : en septembre, le niveau des eaux atteint 3,80 m.

En 1928, le lancement du premier plan quinquennal contribue à relancer l'économie du pays. Mais **Staline**, nouveau maître de l'URSS, se méfie particulièrement de la capitale intellectuelle de la Russie. En 1934, l'assassinat du populaire **Sergueï Kirov**, secrétaire du Parti pour la région de Leningrad (*p. 76*), est le prélude à une vague d'épuration qui va littéralement décapiter l'URSS. C'est dans ce contexte qu'éclate la **Seconde Guerre mondiale**. Le 22 juin 1941, l'Allemagne nazie lance contre son alliée de la veille l'opération **Barberousse**. Les lignes soviétiques sont enfoncées. Leningrad a pu être partiellement évacuée lorsqu'en septembre commence un **siège de 900 jours** qui causera la mort d'un tiers de ses trois millions d'habitants (*p. 83*) et lui vaudra le titre de « ville héroïne » donné à quelques rares lieux aux lendemains de la « Grande Guerre patriotique », comme on appelle le conflit en URSS. Si le centre est relativement épargné par les bombardements, les quartiers plus éloignés et les palais des environs (*p. 89*) sont littéralement dévastés. Les décennies qui suivent la guerre sont consacrées à la **reconstruction** et cantonnent plus que jamais Leningrad dans le rôle de « cousine de province » de la capitale. Le métro est inauguré en 1955; des espaces verts sont aménagés et, pour faire face à la pénurie chronique de logements, un grand programme de construction est lancé dans les années 1960 – ces immeubles médiocres baptisés *krouchtchebi*, jeu de mots entre Krouchtchev et taudis, existent toujours dans les quartiers périphériques. À la fin des années 1970, la municipalité fait construire dans le golfe de Finlande des **digues** pour lutter contre les crues du fleuve; plutôt efficaces, ces ouvrages n'en sont pas moins à l'origine de grands déséquilibres écologiques.

UNE ÈRE NOUVELLE

Les réformes qui suivent l'arrivée au pouvoir de **Mikhaïl Gorbatchev** en 1985 trouvent un écho particulier à Leningrad, demeurée l'un des grands foyers intellectuels du pays. Dès janvier 1991, ses habitants lui rendent, au terme d'un référendum, son nom de baptême. L'URSS est dissoute en décembre de la même année mais les lendemains sont difficiles. La fin du communisme et la transition économique qui l'accompagne, aggravée par le désengagement généralisé de l'État, font de nombreux laissés-pour-compte.

Pourtant, Saint-Pétersbourg, fenêtre sur l'Europe comme l'a voulue son concepteur, a beaucoup d'atouts dans son jeu : une tradition d'ouverture et d'adaptation peu répandue en Russie et, depuis plus d'une décennie, les « faveurs » de **Vladimir Poutine**, natif de Leningrad, qui préside aux destinées du pays et nourrit de grands projets pour sa ville. La cité a célébré en grande pompe son 300ᵉ anniversaire en 2003, se refaisant une beauté que beaucoup ont qualifiée « de façade ». Les projets de réaménagement se sont multipliés avec plus ou moins de bonheur : place Sennaïa, théâtre Mariinski, port, construction d'une nouvelle aérogare... Emblématique, le projet du gratte-ciel **Gazprom** a révélé l'attachement des habitants à leur ville. Le complexe du géant du gaz devait initialement se dresser dans les parages de l'ensemble Smolny; les protestations ont permis de faire en sorte que cette tour de 403 m soit finalement déplacée à la périphérie de la ville.

Une ville sur l'eau

Saint-Pétersbourg est souvent appelée la « Venise du Nord », mais c'est Amsterdam que Pierre le Grand avait en tête lorsqu'il inventa sa nouvelle capitale. À l'aube de l'histoire de la ville, il existait une centaine d'îles dans le delta de la Neva. Au fur et à mesure de son développement, les cours d'eau ont été comblés, les îles réunies et des ponts construits, comme autant de défis.

DES ÎLES ET DES CANAUX

Saint-Pétersbourg repose aujourd'hui sur une mosaïque de 42 îles de toutes tailles, que sillonnent la Neva et ses différents bras. Avant de se jeter dans le golfe de Finlande, le fleuve se divise en trois bras, à partir du pont Liteïny :
- la **Neva**, elle-même subdivisée en Petite, Moyenne et Grande Neva ;
- la **Petite Neva** *(Malaïa Neva)*, qui sépare Petrogradskaïa et le nord de l'île Vassilievski ;
- la **Grande Neva** *(Bolchaïa Neva)*, qui coule entre l'île Vassilievski et la rive gauche de la ville.

Dans le centre-ville, 3 des 75 canaux de la cité forment des demi-cercles concentriques : la **Moïka**, le **canal Griboïedov**, la **Fontanka**. Au-delà, derrière la laure Nevski, le **canal Obvodny** (1837), construit dans le contexte du développement industriel du quartier de Narva, est le plus long de la ville avec ses 8 km.

TOUTES SORTES DE PONTS

Toutes les techniques et tous les styles ont été mis en œuvre dans cette ville qui constitue un véritable musée à ciel ouvert en la matière. Parmi les **80 ponts** pétersbourgeois, ne manquez pas les ponts colorés sur la Moïka *(p. 36)*, le pont de la Banque et ses griffons (Bankovski most, 1826), sur le canal Griboïedov ; le pont Panteleïmon au décor Empire (Panteleïmonovski most, 1824), le pont Anitchkov *(p. 37)*, le pont Lomonossov et ses tourelles *(p. 63)* sur la Fontanka.

À la belle saison, c'est sur les canaux au fil de l'eau que la ville se révèle sous son meilleur jour *(p. 131)*.

La Neva

Émissaire du lac Ladoga, long de 74 km et large de 500 m en son maximum, le fleuve au puissant débit a plusieurs fois mis en danger Saint-Pétersbourg, du fait du terrain plat du delta. Ainsi, lorsque les vents soufflent fort de l'ouest, les eaux du golfe sont refoulées, ce qui empêche l'écoulement du fleuve et provoque des inondations. Depuis 1703, les autorités ont recensé 288 crues supérieures à 1,60 m. Celle de 1824 (4,21 m) n'a heureusement jamais été égalée... Des digues ont été mises en place dans les années 1970, avec un succès relatif... et des dommages sur l'environnement.

Les nuits blanches

« Il était plus de 10 heures [22h]. C'est le moment où la ville est d'un effet singulier et bien difficile à décrire ; car la beauté de ce tableau [...] est dans la magie des vaporeuses nuits du Nord ; nuits lumineuses et qu'il faut voir pour en comprendre la poétique majesté. »
En 1839, le marquis de Custine, d'ordinaire si critique, a lui aussi succombé à la magie des nuits blanches...

UN PHÉNOMÈNE ASTRONOMIQUE

Tout commence insensiblement vers la fin du mois de mai pour se terminer de la même manière une soixantaine de jours plus tard. Les jours s'allongent progressivement, la nuit n'a plus vraiment cours...
Pour comprendre, il faut savoir que, du fait de l'inclinaison de l'axe de la Terre sur le plan de son orbite, toutes les régions ne sont pas éclairées de la même façon par le Soleil au cours de l'année. Entre les équinoxes de printemps et d'automne, le pôle Nord connaît un éclairage permanent, en raison de la réfraction de la lumière du Soleil dans l'atmosphère : c'est le phénomène du « soleil de minuit », observable au-delà du cercle polaire, à 70° de latitude nord. Or, Saint-Pétersbourg ne se trouve qu'à 59,6° de latitude nord ; ici, comme à Reykjavik ou Anchorage, on parle plutôt de « nuits blanches » : même couché, le soleil ne descend pas suffisamment sous l'horizon pour laisser place à la nuit noire.
Mais ces jours qui semblent ne pas connaître de nuit se paient cher. Pendant l'autre partie de l'année, le soleil ne se lève pas au-delà du cercle polaire arctique, où règne la « nuit polaire ». Certes, le phénomène n'est pas aussi intense à Saint-Pétersbourg, puisque la ville est située plus au sud, mais, au cœur de l'hiver, il n'y fait guère jour après 15h...

PLACE À LA FÊTE !

Si vous avez la chance de visiter la ville pendant les nuits blanches, vous serez éblouis. Le phénomène est fascinant. L'atmosphère est chargée d'une énergie communicative. À plus de minuit, on se promène en famille sur les bords de la Neva, on savoure une glace à la terrasse d'un café, on assiste à un concert impromptu dans la rue... Il faut dire que l'hiver a été long et que le besoin de lumière est irrépressible.
Il faut dire aussi que Saint-Pétersbourg, avec sa physionomie si particulière, offre un décor fantasmagorique à l'événement. L'époque est aux manifestations culturelles en tout genre, dont le prestigieux festival des Nuits blanches (*p. 140*).
Un conseil : faites le plein d'énergie avant votre arrivée pour en profiter jusqu'au bout de la nuit...

Pendant les nuits blanches.
W. Bibikow/Photononstop

BFS
VRN

DES VOYAGEURS ÉBLOUIS

« Rien n'est plus rare, mais rien n'est plus enchanteur qu'une belle nuit d'été à Saint-Pétersbourg, soit que la longueur de l'hiver et la rareté de ces nuits leur donnent, en les rendant plus désirables, un charme particulier ; soit que réellement, comme je le crois, elles sont plus douces et plus calmes que dans les plus beaux climats.
Le soleil, qui dans les zones tempérées se précipite à l'occident [...], rase ici lentement une terre dont il semble se détacher à regret ».
Joseph de Maistre, *Les Soirées de Saint-Pétersbourg* (1821).

« Figurez-vous une atmosphère gris perle, irisée d'opale, qui n'est ni celle de l'aube, ni celle du crépuscule : une lumière pâle sans être maladive, éclairant les objets de tous les côtés à la fois. [...] Des ténèbres transparentes, qui ne sont pas la nuit, qui sont seulement l'absence de jour ; des ténèbres à travers lesquelles on distingue tous les objets à une lieue à la ronde ; une éclipse de Soleil sans le trouble et le malaise qu'une éclipse jette dans toute la nature ; un calme qui vous rafraîchit l'âme, une quiétude qui vous dilate le cœur, un silence pendant lequel on écoute toujours si l'on n'entendra pas tout à coup le chant des anges ou la voix de Dieu ! »
Alexandre Dumas père, *Voyage en Russie* (1859).

« Mais le soleil couché, le jour continue ; la clarté diffuse qui lui survit est telle que, jusqu'à minuit, on peut lire dans la rue, et souvent jusqu'à deux heures, moment où l'Aurore ouvre, de nouveau, officiellement et catégorique comme un calendrier, les rideaux du ciel.
Cette absence complète de nuit est ce qui frappe le plus le voyageur nouvellement arrivé. Elle met, dans l'esprit et dans les yeux, une inconscience du temps dont toutes les habitudes sont troublées. [...] Midi et minuit se confondant dans la même sonnerie des douze coups ; le ciel nocturne si resplendissant que les étoiles ne parviennent pas à y ouvrir une blessure, à y filtrer une lame d'or, que la lune y semble à peine une vapeur... »
Armand Silvestre, *La Russie. Impressions. Portraits. Paysages* (1892).

LA MUSE DU POÈTE

« Je t'aime, chef-d'œuvre de Pierre,
J'aime cette grâce sévère,
Le cours puissant de la Neva,
Le granit qui borde sa rive,
Près des canaux les entrelacs
Des grilles, et les nuits pensives,
Leur ombre claire, leur éclat.
Voilà ! Chez moi, point de bougies.
Je lis, j'écris à la clarté
Qui baigne les rues endormies.
L'aiguille de l'Amirauté
Brille au loin. Sur le ciel que dore
Un éternel rayon, l'aurore
Se hâte d'aller relever
Le crépuscule inachevé
Et la nuit dure une heure à peine. »
Alexandre Pouchkine, *Le Cavalier de bronze* (1833).

Une héroïne littéraire

« Quel malheur d'habiter Saint-Pétersbourg, la ville la plus abstraite et la plus préméditée du monde », se lamentait Dostoïevski. L'écrivain tourmenté, considéré comme l'un des géants de la littérature russe, doit pourtant beaucoup à la capitale impériale, où se déroulent plusieurs de ses œuvres. De fait, cette ville pas comme les autres a fait couler beaucoup d'encre, tant chez les auteurs russes que chez les étrangers.
Cette petite bibliographie sélective permet de la retrouver sous des plumes très différentes. À lire pour préparer son voyage ou au retour.

Alexandre Pouchkine

Le Cavalier de bronze (1833), *La Dame de pique* (1834).
Le plus grand des poètes russes a fait de la ville un véritable personnage et forge une mythologie qui va imprégner la littérature russe. Saint-Pétersbourg est une cité brillante qui accueille la vie de la cour, c'est aussi une ville maléfique qui fait perdre la raison du fait de son essence contre-nature.
Encadré p. 22.

Nicolas Gogol

Les Nouvelles de Pétersbourg : Le Journal d'un fou, Le Manteau, La Perspective Nevski, Le Nez, Le Portrait (1835-1843).
Les cinq nouvelles de ce recueil se déroulent dans cette « ville excentrique, étrange et sans racine » et racontent des histoires mêlées de fantastique. *Le Journal d'un fou* et *Le Manteau* évoquent l'univers rétréci de deux fonctionnaires pathétiques. *La Perspective Nevski*, tableau de la principale artère de la ville, révèle son caractère trompeur et superficiel...

Fiodor Dostoïevski

Les Nuits blanches (1848), *Crime et Châtiment* (1866).
Quatre nuits dans la vie de deux personnages solitaires : un jeune homme qui erre pour tromper son ennui, une jeune orpheline qui attend un amoureux hypothétique : ces « nuits blanches » sur les bords de la Neva parlent de rêves inaccessibles et de désillusions. Mais le roman pétersbourgeois par excellence, c'est *Crime et Châtiment*, qui entraîne le lecteur à la découverte du côté le plus noir de la ville, envers d'un décor où évoluent des personnages misérables et corrompus par un système qui les écrase. C'est sans surprise que la folie de Raskolnikov a pour cadre la capitale, plus particulièrement le sinistre quartier de la place Sennaïa, et que sa rédemption se déroule loin d'elle...
Encadré p. 60.

Andreï Biély

Pétersbourg (1916).
Considéré comme le chef-d'œuvre de la littérature symboliste russe, ce récit, qui a pour toile de fond la révolution de 1905, met en scène un

complot terroriste dans une ville à l'atmosphère inquiétante, envahie par la brume. Envolées lyriques, digressions, détails foisonnants...

John Reed

Les Dix Jours qui ébranlèrent le monde (1920).
Le journaliste américain John Reed fut un témoin privilégié de la révolution bolchevique puisqu'il se trouvait à Petrograd lorsqu'elle éclata et qu'il eut l'occasion de suivre au plus près certains de ses dirigeants. Si on a pu lui reprocher une sympathie ouvertement affichée pour les révolutionnaires, son ouvrage apporte un éclairage exceptionnel pour qui veut se pencher sur cette incroyable page d'histoire.

Alexander Werth

Leningrad, 1943 (1944).
Correspondant de guerre britannique, Werth se rend à Leningrad dès septembre 1943, alors que la ville endure toujours le siège le plus long de l'histoire contemporaine. Il raconte comment et pourquoi ses habitants tiennent, dévoilant les stratégies de survie quotidiennes cachées derrière les mots « héroïsme » et « patriotisme ». Un récit d'autant plus émouvant que l'auteur, qui a passé son enfance dans la ville avant la Révolution, y retrouve ses souvenirs.

J. M. Coetzee

Le Maître de Pétersbourg (1994).
Ce vrai roman russe écrit par un écrivain sud-africain contemporain, prix Nobel de littérature (2003), met en scène, dans la ville où « la neige est elle-même grise », Dostoïevski venu découvrir la vérité sur la mort de son beau-fils, mêlé à des activités terroristes. Un hommage à l'écrivain et à son œuvre, une plongée dans la capitale impériale en 1869.

Claude de Grève

Le Voyage en Russie - Anthologie des voyageurs français aux 18e et 19e s. (2005).
Mme de Staël, Théophile Gautier, Diderot, Balzac et d'autres visiteurs moins connus vous ont précédé en Russie ! De Saint-Pétersbourg, ils ont souvent eu une impression négative. Pour Custine, l'architecture de la ville est un « contresens » ; pour Bernardin de Saint-Pierre, elle évoque une « décoration théâtrale », pour Olympe Audouart, elle est « étonnante et étrange ». Quelles seront vos impressions ?

Andreï Makine

La Vie d'un homme inconnu (2009).
Choutov, écrivain et ancien dissident, veut fuir l'impasse de sa vie à Paris. Il a quitté Leningrad et retourne à Saint-Pétersbourg, à la recherche des idéaux et de l'amour de sa jeunesse. Le pays et la ville qu'il retrouve le laissent interdit, mais une rencontre va le bouleverser profondément : celle d'un vieil homme qui lui raconte sa vie. La guerre, le siège de Leningrad, le goulag, la faim, la misère, les bombardements, les orphelins, mais aussi l'amour de l'art et l'amour tout court.

Les arts du ballet

La Russie jouit d'une réputation justifiée en matière de danse classique. Comme souvent dans le domaine artistique, tout a commencé au 18e s.

L'ÉCOLE IMPÉRIALE DE BALLET

En 1738, la tsarine **Anna Ivanovna** demanda au Français **Jean-Baptiste Landé** de créer une école de ballet. Cent ans plus tard, c'est au tour d'un autre Français d'influencer le ballet russe : **Marius Petipa** (1818-1910), maître de ballet du théâtre impérial, le Mariinski, fit le premier dialoguer chorégraphie, musique et intrigue. De sa collaboration avec le compositeur Tchaïkovski naquirent les versions historiques de *La Belle au bois dormant*, du *Lac des cygnes* ou de *Casse-Noisette*.

LES BALLETS RUSSES

Rompant avec l'académisme de Petipa, **Serge de Diaghilev** (1872-1929) crée Les Ballets russes en 1909, avec des danseurs du théâtre, dont **Anna Pavlova** et **Vaslav Nijinski**. La compagnie se fait surtout connaître à l'étranger. Les décors et les costumes réalisés par des peintres (Benois, Bakst, Picasso...), les musiques souvent contemporaines (Debussy, Stravinsky, Satie...) et les arguments déroutants de certains spectacles font parfois scandale, comme lors de la première de *Parade*, en 1917.

L'ACADÉMISME SOVIÉTIQUE

À la Révolution, la plupart des grands danseurs choisissent d'émigrer. Ce n'est pas le cas de la ballerine **Agrippina Vaganova** (1879-1951), qui prend la tête du conservatoire de danse de Leningrad, où sont formés les artistes qui feront la fierté du théâtre Kirov, comme on appelle le Mariinski après 1935. De l'autre côté du rideau de fer, il faut attendre la fin des années 1950 pour voir se produire les troupes soviétiques. Le public admire leur technique impeccable... et, à l'occasion, les « grands écarts » de ceux qui demandent l'asile politique comme **Rudolf Noureev**, puis **Mikhaïl Barychnikov**, formés à Leningrad.

UNE ÈRE NOUVELLE

Avec la dissolution de l'URSS, la participation de l'État dans les institutions culturelles est revue à la baisse. Quant aux compagnies indépendantes, elles restent une exception. À Saint-Pétersbourg, le Mariinski, qui a retrouvé son nom en 1991, a pour lui **Valeri Guerguiev**. Directeur artistique et principal chef d'orchestre depuis 1988, il trouve des sponsors, multiplie les tournées et construit un véritable projet pour le théâtre, devenu l'un des porte-drapeaux du répertoire russe à travers le monde.

Ors et encens : le monde orthodoxe

Des églises coiffées de coupoles, vous n'en verrez pas beaucoup dans le centre de Saint-Pétersbourg, à l'exception notable de l'église du Sauveur-sur-le-Sang-Versé (p. 41). La capitale impériale est européenne, jusque dans ses églises. Pourtant, la foi orthodoxe n'y est pas moins présente qu'ailleurs en Russie. Avec ses rites et ses codes méconnus, cette religion apparaît entourée d'une aura de mystère...

LE RETOUR DE DIEU

Plus de sept décennies de propagande antireligieuse et d'athéisme n'y ont rien fait : les Russes ont la foi, en témoignent la fréquentation des églises, les baptêmes et les mariages religieux, mais aussi la canonisation du tsar **Nicolas II** et de 500 « martyrs » de la révolution, en 2000. Déjà en 1997, le gouvernement Eltsine reconnaissait la religion orthodoxe comme un « élément inaliénable de l'héritage historique, spirituel et culturel russe ».
Signe d'identité nationale autant que de foi, la religion est intimement associée à l'histoire de la Russie et au pouvoir, depuis la conversion, en 988, du païen Vladimir, grand-prince de Kiev, au christianisme byzantin. Depuis la chute du communisme, tout semble avoir été oublié, y compris les compromissions avec l'ancien régime que la hiérarchie de l'Église a été amenée à consentir. Aujourd'hui, le patriarche de Moscou, Cyrille Ier, intronisé en 2009, apparaît comme un proche du pouvoir.

UN UNIVERS SYMBOLIQUE

Tout, du plan de l'église au nombre de coupoles et à leurs couleurs, possède un sens. L'intérieur, où n'est présente aucune sculpture (art perçu comme un simulacre de réalité), est traditionnellement décoré de fresques, de mosaïques, d'icônes. La partie orientale de l'église, occupée par le chœur et l'abside, symbolise le Christ, lumière du monde ; la partie occidentale, le crépuscule. Sorte de porte d'entrée vers le monde divin, l'**iconostase**, cloison de pierre ou de bois qui sépare les fidèles du clergé célébrant, comprend en général cinq rangées d'icônes. Dans les églises à l'européenne de Saint-Pétersbourg, on retrouve quelquefois une partie seulement de ces éléments, mais l'iconostase est toujours là. Cette symbolique, associée aux jeux de lumière des cierges, aux prières répétitives et aux vapeurs d'encens, contribue à mettre les fidèles en condition de grande réceptivité dans une atmosphère mystique.
Les orthodoxes privilégient la croix à huit branches, dont l'axe vertical est

Dans une église orthodoxe.
N. Isakova/John Warburton-Lee/Photononstop

barré de trois branches horizontales; la branche inférieure sert d'appui aux pieds du Christ et l'une de ses extrémités est surélevée, indiquant le ciel où se trouve le bon larron.

LES ICÔNES

Investie d'un rôle didactique et d'une fonction liturgique, l'icône (du grec *eikon*, « image ») est bien plus qu'une simple image pieuse. Conçu comme un enseignement théologique permettant de connaître Dieu par la beauté, l'art des icônes était à l'origine exclusivement aux mains de religieux.
Les grands événements de la vie sont associés aux icônes, lesquelles font partie du quotidien des fidèles orthodoxes. Ils les vénèrent à l'église, mais ils en possèdent aussi chez eux. Souvent transmises de génération en génération, elles sont traditionnellement accrochées dans le **bel angle** *(krasny ougol)*, où il était autrefois d'usage de faire asseoir les hôtes de marque. Il existe aussi des icônes portatives, pour le voyage.
L'une des plus grandes collections d'icônes du pays se trouve au musée Russe *(p. 44)*.
Pour acheter des icônes, voir p. 110.

LITURGIE, SACREMENTS ET FÊTES

Les offices sont menés par un évêque ou un pope (prêtre), assisté à l'occasion de diacres. Popes et diacres peuvent être mariés. Ils forment le **clergé blanc**, par opposition au **clergé noir** (évêques, moines) ayant fait vœu de célibat. La liturgie est chantée *a capella* car les instruments de musique sont interdits.
Les fidèles restent debout, font le signe de croix avec trois doigts, qu'ils portent successivement à leur front, leur poitrine, l'épaule droite puis l'épaule gauche, ils s'agenouillent devant les icônes, allument des cierges, vont et viennent à leur guise. Au moment de la communion, ils reçoivent un morceau de pain trempé dans du vin.
Les sacrements sont les mêmes que dans la religion catholique, à l'exception de la première communion et de la profession de foi, qui n'existent pas chez les orthodoxes.
La **fête de Pâques**, commémoration de la résurrection du Christ, est la plus importante de l'année. On décore les œufs durs de couleurs vives, on prépare les gâteaux traditionnels, *koulitch* et *paskha*.
Les églises sont très fréquentées à la veillée pascale. La cérémonie, qui peut durer cinq heures, se termine par la bénédiction des gâteaux. Le dimanche de Pâques, les croyants se saluent en disant :
– Le Christ est ressuscité.
– En vérité, il est ressuscité.
Puis vient l'heure de rendre visite aux morts au cimetière pour partager avec eux les gâteaux et un petit verre de vodka.
Comme toutes les fêtes religieuses en Russie, Pâques est fixé par le **calendrier julien**, en retard de 13 jours sur le calendrier grégorien adopté par l'Occident en 1582.

Une cuisine haute en saveurs

La cuisine russe ? À l'étranger, elle se résume à quelques plats emblématiques : caviar, borchtch, *blini*, bœuf Stroganov. La réalité est bien différente car, dans le plus grand pays du monde, les influences sont aussi nombreuses que variées, promesse de richesse dans les assiettes.

SOUPES ET SALADES À L'HONNEUR

Quelle que soit la saison, on mange traditionnellement de la **soupe** (*soup*/супы)... à midi. À côté du borchtch (борщ, à la betterave et à la viande), on trouve couramment l'*oukha* (уха, soupe de poisson), la *salianka* (солянка, à la viande, à la tomate et au citron), le *chtchi* (щи, au chou)... Avec la belle saison arrivent les soupes froides comme l'*akrochka* (окрошка), à base de *kvas* (*p. 164*) et de légumes crus, ou le *kholodni borchtch* (холодний борщ). Dans la plupart des cas, on ajoute une généreuse cuillère de *smetana* (сметана, crème aigre) avant de se régaler !
Composées avec recherche, souvent servies avec une sorte de mayonnaise légère et garnies d'herbes, dont l'aneth, les **salades** (*salati*, салаты) sont aussi très présentes. Parmi les grands classiques, on trouve la *salade Olivier* (салат Оливье, sorte de macédoine avec de la viande, inventée au 19ᵉ s. par un chef français et connue en France sous le nom de *salade russe*), le « hareng en pelisse » (*siliodka pod chouboï*/силёдка под шубой, filets de harengs marinés recouverts de betteraves et autres légumes), la salade de chou (*salat iz kapousty*/салат из капусты) et les champignons marinés (*griby marinovannye*/грибы маринованные).

POISSONS ET VIANDES

Les poissons (*ryba*/рыба) d'eau douce sont les plus présents : **truite** (*forel*/форeЬ), **sandre** (*soudak*/судак), **saumon** (*lassos*/лосось), plus rarement **esturgeon** (*ossietr*/осетр), à la chair fine et aux œufs recherchés puisqu'ils constituent le caviar (*tchiornaïa ikra*/чёрная икра). À propos de **caviar**, vous pourrez aussi goûter au rouge, à base d'œufs de saumon (*krassnaïa ikra*/красная икра), nettement moins cher. Côté viande (miassa/мясо), le **porc** (*svinina*/свинина) et le **poulet** (*kouritsa*/курица), préparés entre autres sous forme de *kotlety* (котлеты, viande hachée et panée), sont les viandes les plus répandues ; on les accompagne souvent de pommes de terre (*kartochki*/картошки) ou *kacha* (каша), gruau de sarrasin ou de millet.

DE MULTIPLES INFLUENCES

La gastronomie des anciennes républiques du Sud, en particulier la **Géorgie**, est recherchée. Elle apporte sur la table russe le mouton, le poivron, l'aubergine et une note relevée appréciée. Les épices donnent une touche ensoleillée à la gastronomie locale. L'heure est aux *chachliki* (шашликЬ, brochettes) et aux *kebabs* (кебаб), très populaires, tout comme le caviar d'aubergine (*baklajnnaïa ikra/*баклажанная икра). Des pays d'**Asie centrale** vient le *plov* (плов, plat de riz à la viande et aux fruits secs) ; de la lointaine **Sibérie**, les *pelmeni* (пелмени), des raviolis servis avec du bouillon et de la crème.

BLINI : LES FAUX AMIS

Si vous commandez un *blin* (блин) ou des *blini* (блины), ne vous attendez pas à trouver dans votre assiette la crêpe épaisse que vous connaissez. Les *blini* russes sont des crêpes fines à la farine de blé que l'on sert salées ou sucrées : avec des champignons (*s gribami/*с грибами) du caviar (*s ikroï/*с икрой), de la crème (*sa smetanoï/*со сметаной), des pommes (*s iablakami/*с яблокамы), du chocolat (*s chokoladom/*с шоколадом), des airelles (*s iagodami/*с ягодами)... Cherchez plutôt des **aladié** (оладе), préparation entre la crêpe épaisse et le beignet – ils sont rares – ou des **cirniki** (сырники), sorte de crêpe épaisse à base de fromage blanc.

L'AMOUR DU SUCRE

Peu de desserts à la carte... ce qui n'empêche pas les Russes d'adorer les sucreries et d'en manger principalement en dehors des repas. Les **crèmes glacées** (*marojenoïe/* мороженое) sont présentes quelle que soit la saison, et il est impossible de faire une pause thé ou café sans avaler un **gâteau** : *tort Napoleon* (торт Наполеон) praliné, *charlotka* (шарлотка) sorte de pudding, *vatrouchka* (ватрушка) au fromage blanc, *éclair* (эклер) à la crème, sans compter toutes sortes de *pirogui* (пироги) aux fruits...

LIRE LA CARTE

Personne ne se formalisera de la manière dont vous composez votre repas : une soupe et deux salades, des *blini* et un plat de viande... c'est comme vous voulez !
Les portions sont généralement assez petites, rien à voir avec ce que vous trouveriez aux États-Unis, par exemple.
Les plats sont répartis par catégories. Les **entrées** froides ou chaudes (*khalodnye* ou *jarkye zakouski/*холодные/жаркие закуски) sont regroupées sous l'appellation « premiers plats », *piervye bliouda* (первые блюда) et les **plats**, sous celle de « deuxièmes plats » : *vtarye bliouda* (вторые блюда).
Les **accompagnements** se nomment *garniri* (гарниры), les **desserts**, *desserti* (десерты) et les **boissons**, *napitki* (напитки).

Assiette de pelmeni.

Sur la plupart des cartes figurent aussi des indications chiffrées, autres que le prix : il s'agit du **poids des ingrédients**. Vous trouverez, par exemple, à côté de l'indication *blin au caviar*, la précision 120 г/10 г signifiant qu'il y a 120 g de crêpe et 10 g de caviar.

BOIRE À L'HEURE RUSSE

La Russie est le pays de la vodka, mais pas seulement ! Vous serez étonnés de la variété de l'offre en matière de boissons (*napitki*/напитки).

Sans alcool

De l'**eau** (*vada*, вода), bien sûr mais pas celle du robinet. On en trouve très facilement en bouteille, gazeuse (*gazirovannaïa vada*/ вода газированная) ou pas (*nié gazirovannaïa*/не газированная). Autrefois plutôt rare, le **café** (*cofié*/ кофе) est désormais entré dans les habitudes ; il se prend sucré (*s sakharam*/с сахаром) ou pas (*biez sakhara*/без сахара), tout comme le **thé** (*tchaï*/чай), à commander éventuellement avec du citron (*s limonom*/с лимоном).
Typique des pays de l'Est, le **mors** (морс), très rafraîchissant, est de l'eau dans laquelle ont macéré des fruits rouges, proche du **kompot** (компот) – attention, faux ami ! –, à base de fruits rouges cuits dans de l'eau ; à ne pas confondre avec le jus de fruits (*sok*/сок). Apprécié aux beaux jours, le **kvas** (квас) est une boisson fermentée à base d'orge et de seigle qui évoque un peu le cidre ; il est naturellement très légèrement alcoolisé, si peu qu'on en donne aussi aux enfants.

Avec alcool

La **bière** (*piva*/пиво) est très populaire : Stenka Razine, Nievskoïe, Baltika... les productions locales sont variées et de bonne qualité, blonde (*svietloïe*/светлое) ou brune (*tiomnoïe*/тёмное).
Ce sont surtout les étrangers qui boivent du **vin** blanc ou rouge (*beloïe* ou *krasnoïe vino*/белое ou красное вино), et l'on trouve facilement des produits d'importation dans les restaurants. Dans les productions locales, essayez le *moukouzani* (мукузани), rouge sec, et le *kindzmaraouli* (киндзмараули), rouge demi-sec, productions géorgiennes.
La Crimée est connue pour ses vins doux comme le **mouskat** (мускат) et son vin mousseux appelé **champagnskoïe** (шампанское). Le **cognac** (коньяк), dont les marques les plus réputées sont Ararat, Erevan et Dvin, est une production arménienne et azérie.
Enfin, la **vodka** (водка), « petite eau », est un alcool de grain à environ 40°, consommé en Russie depuis le 14e s. Typiques de Saint-Pétersbourg, les productions de la distillerie, Liviz : de la Sankt-Petersbourg, la moins chère, à la Diplomat et la Rousski Standart, l'une des plus réputées. Les vodkas aromatisées ont aussi leurs amateurs : *limonnaïa* (au citron), *piertsovka* (au piment), *gorilka* (au poivre), *zoubrovka* (à l'herbe de bison)...

La langue russe

Le russe, langue officielle de la Fédération de Russie, est parlé par 250 millions de personnes. C'est la deuxième langue scientifique après l'anglais, et un quart des livres publiés dans le monde l'est en russe. S'il paraît très différent des langues occidentales, le russe appartient pourtant, comme le français ou l'anglais, à la famille des langues indo-européennes, qui ont toutes des racines communes. Il fait partie du groupe des langues slaves orientales et s'écrit avec l'alphabet cyrillique.

UN ALPHABET PARTICULIER

Comme les Ukrainiens, les Biélorusses, les Bulgares, les Serbes et les Macédoniens, les Russes utilisent l'**alphabet cyrillique**, dont le nom rend hommage à saint Cyrille, évangélisateur des Slaves, avec son frère Méthode dans la deuxième moitié du 9ᵉ s. Les historiens pensent aujourd'hui que c'est Clément, archevêque d'Ohrid et disciple des deux frères originaires de Macédoine, qui aurait transcrit l'alphabet glagolitique créé par Cyrille, en s'inspirant de l'alphabet grec.

En 1710, Pierre le Grand impose un alphabet civil, par opposition à l'alphabet slavon, dont l'emploi devient exclusivement religieux. En 1917, quatre lettres sont supprimées. Aujourd'hui, l'alphabet russe moderne compte 33 lettres. Beaucoup sont communes à l'alphabet latin, d'autres laissent deviner leur héritage grec. Un certain nombre sont de « fausses amies » : P cyrillique = R latin, H = N, B = V… Ainsi, lorsque vous verrez écrit **ресторан**, il faudra lire « restoran » et non « pectopa » !

Patronymes et prénoms

Les Russes ont tous un prénom (imia), un patronyme (otchestva) et un nom de famille (familia). Le mot « otchestva » vient de otiets (« père »). Le patronyme est formé sur le prénom du père, auquel on ajoute, pour le masculin, les suffixes ovitch/evitch/itch, et pour le féminin, ovna/evna/itchna. Ainsi, Lev Nikolaïevitch Tolstoï doit son patronyme à son père Nikolaï et Anna Andreïvna Akhmatova, au sien, Andreï. Dans la vie professionnelle ou quand ils se connaissent peu, les adultes s'interpellent par leur prénom suivi du patronyme. L'usage du prénom suivi du patronyme et du nom de famille est réservé à des occasions de présentations officielles. Les proches n'utilisent jamais le prénom, mais toute une gamme de surnoms affectueux : ne soyez pas étonné si votre ami Alexandre se fait appeler Sacha, Sachenka, Sachoulia, Sania ou encore Choura ou Chourik, et votre guide Anna, Ania, Anouchka, Aniouta, Nioussia…

UNE GRAMMAIRE ARDUE

Si vous pensiez que la graphie de l'alphabet constitue une difficulté en matière de langue, vous allez changer d'avis lorsque vous en saurez plus sur la grammaire russe : trois genres (féminin, masculin, neutre), six cas (nominatif, accusatif, génitif, datif, instrumental, locatif), deux temps (présent, passé), quatre modes (indicatif, impératif, gérondif, participe) et deux formes pour chaque verbe (perfectif/imperfectif), à employer selon qu'on se place du point de vue d'une action accomplie ou non, une prononciation qui n'a pas toujours à voir avec les caractères écrits, notamment du fait de l'accent tonique (par exemple, *молоко* (« lait ») se prononce *malako*)...

Pour corser le tout, chaque mot se décline, y compris les chiffres et les noms propres : vous entendrez ainsi parler de *Sankt Piterbourg*, de *Sankt Piterbourgou*, de *Sankt Piterbourga* ou de *Sankt Piterbourguié* selon que la ville est sujet de la phrase, que l'on parle de s'y rendre, que l'on en vienne ou que l'on y soit déjà...

Autant dire qu'il est difficile de bien parler le russe, mais rien ne vous empêche de mémoriser quelques mots : vos interlocuteurs apprécieront vos efforts.

LE « PÈRE » DU RUSSE MODERNE

Dans la préface de sa grammaire (1755), **Mikhaïl Lomonossov** affirmait : « Charles Quint avait coutume de dire qu'il était séant de parler espagnol avec Dieu, français avec ses amis, allemand avec ses ennemis et italien avec le beau sexe. Mais s'il avait été féru de langue russe, il aurait ajouté, bien sûr, que c'est elle qu'il faut employer en toutes circonstances. Car il y aurait trouvé la splendeur de l'espagnol, la vivacité du français, la force de l'allemand, la tendresse de l'italien et pour couronner le tout, la richesse et la concision forte dans les images du grec et du latin. » La langue russe doit beaucoup à ce bel esprit caractéristique des Lumières qui s'efforça de normaliser le russe en combinant l'ancien slavon avec la langue vernaculaire. À l'origine de la première université à Moscou (1755) et fondateur des sciences russes, il n'en fut pas moins curieux de tout : on lui doit la première grammaire russe (1755), préalable indispensable à l'épanouissement de la littérature, la première histoire de la Russie (1760), mais aussi le renouveau de l'art de la mosaïque et de la technique du verre de couleur...

Musée d'Anthropologie et d'Ethnographie Kounstkamera *p. 78.*

Russe	Transcription	Prononciation latine
А а	a	**a**chat
Б b	b	**b**ulbe
В в	v	**v**odka
Г г	g *ou* gu	**g**oulag
Д д	d	**d**odo
Е е	e	**yé**ti
Ё ё	io	**yo**ga
Ж ж	j	**j**ouet
З з	z	**z**èbre
И и	i	**i**sba
Й й	ï	ra**il**
К к	k	**k**opeck
Л л	l	we**ll** *(anglais)*
М м	m	**m**oujik
Н н	n	**n**eige
О о	o	**o**ctobre
П п	p	**p**ope
Р р	r *(roulé)*	**r**usse
С с	s *ou* ss	**s**oviétique
Т т	t	**t**oundra
У у	ou	**ou**rs
Ф ф	f	**f**roid
Х х	kh	na**ch**t *(all.) ou* **J**uan *(esp.)*
Ц ц	ts	**ts**ar
Ч ч	tch	**tch**èque
Ш ш	ch	**ch**arme
Щ щ	chtch	**chi**aler
ъ	*signe dur*	
Ы ы	y	d**i**sh *(angl.)*
ь	*signe mou*	
Э э	e	m**è**re
Ю ю	iou	**you**rte
Я я	ia	**ya**ourt

A

Académie des beaux-arts 78, 80
Alexandre Ier 148
Alexandre II. 148
Alexandre III 148
Alphabet cyrillique 167
Ambre 110
Ambulants, groupe des 80
Amirauté/Admiralteïstvo. 49
Apraxine Dvor 37
Arc de triomphe. 16
Arc de triomphe de Moscou 82
Art Center Pouchkinskaïa 68
Avenue/Prospekt
Kamennoostrovski. 76
Ligovski 68
Moskovski 82
Nevski. 30
Zagorodny. 63

B

Ballet 157
Barychnikov, Mikhaïl. 157
Bibliothèque nationale. 35, 83
Blini. 162
Brodsky, Joseph 43

C

Calendrier julien. 160
Canal
Fontanka 151
Griboïedov 61, 151
d'Hiver 17
Moïka 151
Obvodny 82, 151
Cathédrale/Sobor
Notre-Dame-de-Kazan 34
de la Résurrection. 88
de la Ste-Trinité 87
St-Isaac 51
St-Nicolas-des-Marins 60
St-Pierre-et-St-Paul. 70
Catherine II 148
Cavalier de bronze/Miedny vsadnik .. 50
Champ de Mars 20
Château Michel. 41
Cimetière/Kladbichtche
Novodevitchi. 82
St-Lazare 86
St-Nicolas 87
Terrain communiste 87
Tikhvine 86
Colonne Alexandre 15
Colonnes rostrales. 77
Conservatoire Rimski-Korsakov. 58
Constructivisme. 82
Consulats. 130
Cour des Marchands. 35, 112
Crime et châtiment 60
Croiseur Aurore 74
Cronstadt 96
Cuisine. 161

D

Danse classique. 157
Décembristes. 51, 148
Diaghilev, Serge de. 157
Dostoïevski, Fiodor. 60, 62, 155
Douma 35
Douze Collèges 80

E

Église/Tserkov
Église arménienne Ste-Catherine ... 37
Église hollandaise 37
Notre-Dame-de-Vladimir 67
Sauveur-sur-le-Sang-Versé. 41
Ste-Catherine-d'Alexandrie 37
Tchesmé. 85
Temple luthérien St-Pierre. 37
Élisabeth Petrovna 146

F

Fabergé, Carl 42
Forteresse Pierre-et-Paul 69
Bastion Troubetskoï 73
Cathédrale St-Pierre-et-St-Paul. .. 70

G

Gazprom, gratte-ciel 150
Gogol, Nicolas 155
Gorbatchev, Mikhaïl 150
Gostiny Dvor.................. 35, 112
Grand Hôtel Europe 38
Guerguiev, Valeri..................157

H

Hôtel Angleterre 51
Hôtel Astoria 51

I

Icônes...................... , 44, 160
Iconostase.........................158
Île Vassilievski 77
Informations touristiques 133
Institut Smolny.....................88

J

Jardin/Sad
- Lietny (d'Été) 20
- Youssoupov 62

Jours fériés.......................134

K

Kandinsky, Vassili ....
Kazan, Vierge miraculeuse 34
Kerenski, Alexandre 149
Kirov, Sergueï...................., 149
Kronverk 73

L

Langue.............................134
Laure Alexandre-Nevski..............85
Lénine, Vladimir................., 149
Leningrad 149
Leningrad, blocus de 83
Lomonossov, Mikhaïl 78

M

Magasin Elisseïev...................36
Maison des Soviets 83
Maison/Dom
- Belgoroud 76
- Kschessinskaïa 75
- Laval 56
- Miatlev 51
- Narychkine 56

Maisonnette de Pierre Ier 74
Malevitch, Kazimir................, 48
Marsovo polié.......................20
Monument aux héros
de la défense de Leningrad.........84
Moskovski vakzal....................68
Mosquée 76
Moussorgski, Modest 67
Musée/Mouzeï
- Anna Akhmatova...................... 43
- Anthropologie et Ethnographie......... 78
- Aquatorium de Pierre le Grand 31
- Arctique et Antarctique.............. 68
- Art théâtral et musical 36
- Brodski......................... 40
- Dostoïevski 67
- Ermitage 17, 23
- État-Major (Ermitage)................. 29
- Ethnographique de Russie 40
- Fabergé 42
- Histoire politique de la Russie 75
- Histoire de l'artillerie militaire 73
- Kirov 76
- Kounstkamera 78
- Ludwig 20
- Marine de guerre 56
- Musique 42
- Nabokov 54
- Pouchkine 22
- Rimski-Korsakov 63
- Russe 44
- Stieglitz 21
- Zoologie......................... 78

N

Nabokov, Vladimir....................
Neva (fleuve) 151

Grande Neva 151
Petite Neva 151
Nevski,
saint Alexandre 87
Nicolas II 148, 158
Nijinski, Vaslav 157
Noureev, Rudolf 157
Nouvelle-Hollande . . . . ., 54
Nuits blanches 13, 128, 152

P

Palais/Dvorets
Anitchkov 37
Bielosselski-Bielozerski 37
Cheremetiev 42
d'Hiver de Pierre le Grand 17
État-Major 15, 16
État-Major de la garde 16
Justice 83
Lietni (d'Été) 21
Mariinski (Marie) 51
Menchikov 80
Mikhaïlovski (Michel) 40
Mramorny (de Marbre) 20
Nouvel Ermitage 17
Pavlovsk 95
Peterhof 89
Petit Ermitage 17
Stroganov 31
Tsarskoïe Selo 93
Vieil Ermitage 17
Wawelberg 30
Youssoupov 54
Zimni (d'Hiver) 15, 17
Parc Pobedy 83
Paul Ier 148
Pavlova, Anna 157
Pavlovsk 95
Pelmeni 162
Perspective Nevski 30
Peterhof 89
Petipa, Marius 157
Petrograd 149
Petrogradskaïa 74
Philharmonie Chostakovitch 38
Pierre le Grand 87, 146
Place/Plochtchad
Avstriskaïa 76
Birjevaïa (de la Bourse) 77
Dekabristov (des Décembristes) 49
Dvortsovaïa (du Palais) 15
Isaakievskaïa (St-Isaac) 50
Iskousstv (des Arts) 38
Lomonossova 63
Ostrovskovo 35
Pobiedy (de la Victoire) 84
Sennaïa (au Foin) 37, 62
Teatralnaïa (des Théâtres) 57
Vosstaniïa (de l'Insurrection) 68
Pont/Most
Anitchkov 37
Jelty (Jaune) 36
Krasny (Rouge) 36
Lomonossova 63
Lviny (aux Lions) 61
Pevtcheski (des Chantres) 36
Pikalov 61
Potselouïev (des Baisers) 56
Sini (Bleu) 36
Zeliony (Vert) 36
Pouchkine, Alexandre 22, 155
Pouchkine (Tsarskoïe Selo) 93
Pourboire 135
Poutine, Vladimir 150

Q

Quai/Naberejnaïa
Angliskaïa (des Anglais) 56
Dvortsovaïa (du Palais) 17
Kronverkskaïa . . . . .
Ouniversitetskaïa (
de l'Université) 78

R

Raspoutine,
Grigori Iefimovitch Novykh, dit 54

Rastrelli, Francesco Bartolomeo 144
Repas 135
Rimski-Korsakov, Nikolaï. 67
Rossi, Carlo. 144, 148
Roublev (Roubliov), Andreï. 45
Rue/Oulitsa
  Bolchaïa Morskaïa 30, 53
  Doumskaïa. 35
  Millionnaïa (des Millionnaires). 22
  Roubinchteïna (Rubinstein) 66
  Stoliarny pereoulok. 62
  Zodtchevo Rossi
    (de l'Architecte-Rossi) 36, 63

S

Santé 136
Sécurité 136
Shopping. 110
Smolny, ensemble 87
Staline, Josef .149
Strelka 77
Synagogue 60

T

Taxi 137
Téléphone 138
Théâtre/Teatr
  Aleksandrinski 36
  Concert Hall 58
  Ermitage 17
  Mariinski. 57
  Mariinski II 58
  Mikhaïlovski 117
Trotski (Lev Davidovitch Bronstein,
  dit Léon). 149
Tsarskoïe Selo. 93

V–Y

Vaganova, Agrippina 157
Vassilievski (île) 77
Vodka. 164
Voltaire 35
Vroubel, Mikhaïl. . . . .
Youssoupov, Félix . . . .

Collection sous la direction de Philippe Orain

Responsable d'édition et rédactrice en chef du guide : Maura Marca

Secrétaire d'édition Delphine Storelli

Rédaction Evguénia Darras, Joanna Dunis, Anne Kanjounzeff, Marina Gritsa, Richard Robert, Delphine Storelli, Paul Perfiloff, Catherine Zerdoun

Ont contribué à ce guide Peter Wrenn, Theodor Cepraga, Costina-Ionela Tarcea (**Cartographie**), Véronique Aissani, Carole Diascorn (**Couverture**), Maria Gaspar, Marie Simonet, Sophie Roques (**Iconographie**), Dana Kabdulgazina (**Données objectives**), Bogdan Gheorghiu, Cristian Catona, Hervé Dubois, Pascal Grougon (**Prépresse**), Dominique Auclair (**Pilotage**), Hélène Jovignot (**Relecture**)

Conception graphique Laurent Muller (couverture et maquette intérieure)

Régie publicitaire et partenariats business-solutions@tp.michelin.com
Le contenu des pages de publicité insérées dans ce guide n'engage que la responsabilité des annonceurs.

Contacts Qu'avez-vous pensé de ce guide ?
Répondez à notre questionnaire en ligne, en allant sur le site : satisfaction.michelin.com

Vous souhaitez nous contacter ?
Envoyez-nous un email à l'adresse : tourisme@tp.michelin.com

Parution 2020

Crédits photographiques p. 4-5
(de gauche à droite et de haut en bas)

RomanBabakin/iStock
W. Buss/AGF RM/age fotostock
Fine Art Images/Heritage Image/age fotostock
J. Moya/age fotostock
C. Moirenc/hemis.fr
Gala_Kan/Shutterstock.com
M. Galli/Prisma/age fotostock
J. Huber/Sime/Photononstop
A. Petrosyan/FotoSa/Sime/Photononstop

Michelin Travel Partner

Société par actions simplifiée au capital de 15 044 940 EUR
27 Cours de l'Ile Seguin - 92100 Boulogne Billancourt (France)
R.C.S. Nanterre 433 677 721

Dépôt légal : 02-2020 – ISSN 0293-9436
Compograveur : Michelin Travel Partner, Boulogne-billancourt
Imprimeur : Estimprim, Autechaux
Imprimé en France : 02-2020

Usine certifiée 14001
Sur du papier issu de forêts gérées durablement (100 % PEFC)

Découvrez le plus grand pays du monde !